El ángel Sex-terminador

John Danen

Published by John Danen, 2023.

While every precaution has been taken in the preparation of this book, the publisher assumes no responsibility for errors or omissions, or for damages resulting from the use of the information contained herein.

EL ÁNGEL SEX-TERMINADOR

First edition. May 19, 2023.

Copyright © 2023 John Danen.

ISBN: 979-8224442454

Written by John Danen.

Tabla de Contenido

Contacto.

Si quieres consultarme cuestiones, hacerme preguntas, o recibir asesoramiento en seducción doy este servicio de coach de seducción. Dispongo también de cursos. Puedes contactar conmigo en estos enlaces.

Enlaces:

John Danen seducción - YouTube[1]

TikTok de johndanen (@johndanen) | Mira los últimos videos de johndanen en TikTok[2]

John Danen Dark seducción | Facebook[3]

John Danen Dark seducción (@dark_seduccion) • Fotos y videos de Instagram[4]

Grupo en Telegram Dark seducción, únete pinchando aquí https://t.me/+bPZmHRDJz9gxYTA0

---

1. https://www.youtube.com/channel/UCUOsfiulxHrzWkdjkx6scJg

2. https://www.tiktok.com/@johndanen

3. https://www.facebook.com/0Dark000000

4. https://www.instagram.com/dark_seduccion/

Introducción.

Este tampoco va ser un libro para enseñar a seducir, todo eso ha sido ya ha dejado atrás. Este libro es el libro donde el bien y el mal se juntan. En este libro te voy a contar que es un ángel sex-terminador y cuáles son las motivaciones que tiene. También te voy a contar las dificultades que tiene el ligar con chicas de clase social más alta, la alegría y diversión, decodificaré novelas y personajes y las explicaré desde la perspectiva del seductor, hablare de que es la producción. Muchas cosas que complementan lo escrito en los anteriores y te dan más conocimientos para luchar y vencer en el juego del amor.

El ángel exterminador.

Esto de los ángeles exterminadores me ha intrigado bastante. Han aparecido en películas ángeles como Gabriel que entra pegando mazazos en un bar mientras suenan trompetas apocalípticas, y la verdad que me parece un tema fascinante. Este ángel tiene más poder que ningún demonio y aunque sus actos son de gran salvajismo, cumple la voluntad divina, que a veces es exterminar a un pueblo entero o a toda la raza humana.

Por un lado es un ser de paz y amor, y por otro un genocida exterminador. El ángel exterminador no muestra piedad con los malvados.

El ángel exterminador es un enviado de Dios que imparte justicia, a los bondadosos les da el reino de los cielos y a los pecadores los extermina con espada de fuego.

Esta figura me he inspirado mucho y quiero hacerla el eje central de este libro. Nosotros hemos de ser eso, ángeles exterminadores que damos el cielo o el infierno según lo merezcan.

El ángel exterminador es un ser de luz, que con sabiduría, da lo que necesita a cada persona con la que interactúa.

El ángel sex-terminador.

El ángel sex-terminador es un hombre justo. Es aquel que quiere hacer el bien, el que se ha cansado de sufrir y de hacer sufrir. Es un hombre cansado de ser normal, es un hombre cansado de que le pisoteen. También está cansado de pisotear y de ser malo. Es alguien que quiere que este mundo sea mejor. Para ello premia el bien y castiga el mal. Es aquel que se alza para equilibrar las cosas. Alguien con muchísimo poder y experiencia que ha vivido todo y quiere ayudar a los demás. Es un hombre con ganas de vivir y disfrutar. Es una magnífica persona que da alegría y felicidad a todos, y que sólo en caso de que intuya el abuso pretendido castigará, por eso decimos que es un ángel. Tiene dos caras: la cara positiva buena y divertida, y la cara oscura, la cara de la dark seducción.

Sí, somos ángeles porque hacemos justicia, somos sex por qué hacemos sexo y terminadores porque muchas veces terminamos solamente en el sexo. Hacemos sexo y terminamos, terminamos con la relación, pero eso es solamente una posibilidad, lo normal es seguir, también podemos terminar con su autoestima sí hacemos el mal en exceso y joderle la vida realmente a una mujer buena, por eso medimos nuestros actos procurando evitar el mal.

No engañamos, ni hacemos daño a la gente por placer, sino que somos justos, decimos la verdad, decimos que somos unos ligones, que somos folladores, que queremos divertirnos, que no se enamoren de nosotros, que no queremos hacer daño ni que nos lo hagan. Solamente sí son unas auténticas hijas de puta con nosotros, vamos a aplicar las artes oscuras, que también lo sabemos hacer.

Si hay que mentir para alcanzar los objetivos se miente, pero mentiras muy pequeñas, lo justo requerido, o mentimos por un periodo corto de tiempo, y siempre con el objetivo de evitar el sufrimiento ajeno.

Sabemos que una mujer que se enamora de nosotros no es conveniente, porque se produce una cadena de enamoramientos. Los hombres que van detrás de ella también son dañados. Somos ángeles y queremos hacer el bien, y procuramos hacerlo, también somos sex-terminadores y si alguna es mala con nosotros la podemos realmente exterminar con nuestro tremendo poder.

El ángel exterminador sale a la marcha, es bondadoso pero no tonto, camufla su sabiduría, se metamorfosea para ser válido para la chica, engaña pero muy poco y evita el mal. Tiene gran poder y lo usa para seducir y también para no dañar, no quiere dañar.

Cuando una mala mujer nos ha hecho mucho daño adrede, nos ha engañado, nos ha utilizado, nos ha jodido y ha hecho todo aquello que nosotros evitamos hacer con ella pudiendo hacerlo fácilmente, entonces y sólo entonces usamos la dark seducción, en la dosis necesaria para joderla también, porque también es nuestra misión exterminar a gente mala de este juego.

Siempre pensando en las consecuencias de lo que hagamos y si eso va ser beneficioso para ella o perjudicial. Muchas veces es perjudicial que siga por ahí jodiendo a los hombres, abusando de ellos y dejándolos hechos una puta mierda con sus mentiras y sus falsedades; por eso cortamos este círculo del dolor, pues detrás de esos hombres jodidos por ella van mujeres que también quedan jodidas por estos hombres, porque ellos no les hacen caso a ellas y por ello ellas sufren también. Así que restablecemos el equilibrio y paramos la **cadena del dolor** haciendo el mal.

Hay que hacerlo sólo cuando es estrictamente necesario, normalmente creamos **una cadena del bien,** no dejando que esta mujer se enamore de nosotros. Así la dejamos apta para que pueda ir con otros, así todos tendrán su parte en el pastel. Nosotros no queremos acaparar en exceso, solo acaparar lo necesario, que ya acaparamos mucho, dejamos que tengan su oportunidad los demás.

Si fuésemos unos cabrones totales enamoraríamos y haríamos sufrir a muchas mujeres, y se produciría esta cadena del dolor. Pero no queremos eso, queremos que nosotros seamos su alegría. Damos alegría pero somos también alguien que ellas saben que no las va a corresponder, y muchas de ellas por lo menos se desenamorarán y podrán salir al juego, y gracias a ello otros buenos muchachos las disfrutarán también.

El ángel está por encima de conseguir muchas o pocas, ya ha conseguido una barbaridad de mujeres y hace lo que debe hacer. Restablecer el equilibrio, cogerá sólo lo necesario, para que todos hombres y mujeres salgan beneficiados de su interacción.

Yo soy el **Ángel sex-terminador**, el destructor, el azote de la maldad, el ser de luz y el Dark seductor, el que equilibra el sistema.

Estar por encima de la seducción.

Cuando uno ya ha hecho todo, ha alcanzado todos sus objetivos, ha castigado, ha perdonado, ha sido bueno y ha sido malo, al final la misión que tienes es aportar tu enorme experiencia en beneficio de los demás. Eres un ser de luz que aporta alegría y felicidad. A través de la práctica de la seducción trasciendes la propia seducción y te conviertes en una especie de enviado celestial que les da lo que necesitan. Si ha sido puesta a tu lado es porque así se ha querido desde lo alto y debes de cumplir tu misión.

Hay que analizar ¿Qué chica es? ¿Qué necesita? ¿Qué le puedes aportar? Sí, hay que ser bondadoso porque la vida ya castiga por sí sola, tu función castigadora sólo será requerida en escasas ocasiones en las cuales eres el ángel ejecutor que guía la espada de fuego, pero normalmente no es necesario cumplir esta función. Así que tras décadas y décadas ya no te dedicas a seducir porque eso ya lo haces automático sin prestarle atención, a lo que te dedicas es, a evaluar si esa chica es merecedora de los dones que le podrías dar, y sí lo es, pensar que es lo que necesita que tú le puedes aportar. También piensas a nivel de la sociedad en general, si lo que haces es bueno o malo para el conjunto. Normalmente es bueno depredar, hacer tu producción, dejar sin esperanzas a sus pretendientes, imponer tu tiranía. Eso es lo mejor para ti y para el conjunto.

El ángel sex-terminador y los hombres.

Los hombres que intentan competir contigo deben aprender las lecciones, tú eres su maestro, un maestro supremo que les da el terrible castigo por su ineptitud. Los hombres reciben su enseñanza, haces el bien. Los retiras del juego. ¡Que se busquen otra! Acaparas. Muestras el camino, los devuelves a la cruda realidad. Los exterminas.

No sólo seduces a esa que no te importa, apabullas, masacras y exterminas a todos los inhábiles que se cruzan contigo. No lo haces porque eres malvado, al revés, eres bondadoso y les das lo que merecen, el exterminio. O aprenden el camino o deben sucumbir. Tú eres alguien que les ayuda a ver las cosas con claridad, deben de agradecer que los ejecutes. Algunos lo superarán y mejorarán. Limpias el terreno de juego. Los amas porque tú fuiste así alguna vez en tus comienzos, por ello los aniquilas. Necesitan ser aniquilados para que mejoren. Creas el dolor, pero **rompes el círculo del dolor**. Los endureces, las mujeres los verán más atractivos después de tu aportación. Y así acaparando, apabullando, siendo irreverente, desafiante, jactancioso y despiadado, se hace un gran bien bajo la apariencia de un gran mal.

Revisión final de los niveles y sus consecuencias.

La clave para entender lo que es un ángel sex-terminador está los niveles, así analizando cada uno vamos a entender cómo se llega a este nivel diez. El nivel del ángel sex-terminador.

Nivel uno. Los ositos de peluche.

Los ositos de peluche son el nivel más bajo que hay. Son el típico amigo que está en la friendzone eternamente. Escuchan todas sus cosas, consuelan. Ellas los ven como hombres sin polla, como seres asexuados y jamás tendrán nada amoroso ni sexual con ellos.

Ellos hacen. El bien, ellos hacen el bien claramente, un **bien infinito** que da paz y amor incondicional

Ellos reciben. El mal, el más absoluto mal. Les es pagado con **enorme sadismo** el gran bien que hicieron. Se les **castiga a muerte**.

Ellas hacen. Ellas hacen el mal con ellos **un mal terrible y sádico**. Y ni se sienten mal.

Ellas reciben. Ellas se empoderan al máximo, se **valoran como diosas** debido a toda la adulación que reciben.

La sociedad. La sociedad se ve **infinitamente perjudicada** por la actuación de estos ositos de peluche pues ellos acaban **suicidados o en psiquiátricos**. Lo que hacen **sube enormemente** el precio de mercado, suben muchísimo los requerimientos que ponen las mujeres, pues son súper valoradas y por lo tanto van a restringir su acceso. Esto provocará **dificultad** para poder ligar a otros hombres, pues a veces ellas quieren que todos cumplan los requisitos ridículos que sí le cumplen estos aduladores.

Nivel dos. Los tontos.

Los tontos se enamoran, los tontos son blandos, los tontos viven de ilusiones. Una característica importante de los tontos es que van contando a todo el mundo sus proyectos amorosos. Proyectos que nunca llegan a buen puerto. Hacen el ridículo dando imagen de desesperados a sus amigos.

Ellos hacen. El bien, ellos hacen el bien, claramente un **bien enorme** que da paz y amor incondicional. Un bien sólo un poco menos grande que el de los anteriores.

Ellos reciben. El mal, se les paga con **sadismo** y se les castiga **durísimo**.

Ellas hacen. Ellas hacen el mal con ellos, un mal **terrible y sádico**. Les importan igual que los otros, la nada.

Ellas reciben. Ellas se empoderan casi al máximo, **se valoran muy superiores** debido a toda la adulación que reciben.

La sociedad. La sociedad se ve **enormemente perjudicada** por la actuación de estos tontos, pues ellos acaban con **problemas mentales muy graves** y subiendo el precio de mercado muchísimo. Los requerimientos que ponen las mujeres son **muchísimo** más grandes que antes, están mucho más valoradas y por lo tanto van a restringir su acceso, esto provocará dificultad para poder ligar a otros hombres.

Nivel 3. Los semitontos.

Los semitontos son los amigos espabilados de los tontos, se diferencian de ellos porque pese a venir del mundo de los tontos, tienen más éxito con las mujeres porque son menos blandos y se dedican un poco mejor a seducir.

Ellos hacen. El bien, ellos hacen el bien claramente un bien muy grande. Un bien sólo **un poco menos grande** que el de los anteriores.

Ellos reciben. El mal, se les paga con **bastante sadismo** y se les **castiga duro**.

Ellas hacen. Ellas hacen el mal con ellos un mal **bastante terrible y sádico**. A ellas ellos les importan poquísimo

Ellas reciben. Ellas se empoderan muchísimo, se valoran **muy superiores** debido a toda la adulación que reciben.

La sociedad. La sociedad se ve **gravemente perjudicada** por la actuación de estos semitontos, pues ellos acaban con **problemas mentales graves** y subiendo el precio de mercado **bastante**. Los requerimientos que ponen las mujeres son **más grandes** que antes, están **bastante más valoradas** y por lo tanto van a restringir su acceso, esto provocará dificultad para poder ligar a otros hombres. La dificultad que provocan los tres primeros grupos para que liguen otros es similar, pues las mujeres se dan cuenta de que no pueden exigir a la gente normal las locuras que estos hacen por ellas.

Nivel 4. Los normales.

Los normales son gente pues eso, normal, ni listos ni tontos. Han tenido algunas aventuras y novias en su juventud y se han casado más bien pronto que tarde. Están tranquilos, o semitranquilos en su matrimonio.

Ellos hacen. El bien, ellos hacen el bien, un bien grande. Un bien sólo **un poco menos grande** que el de los anteriores.

Ellos reciben. El mal, se les paga con **algo de sadismo** y se les **castiga bastante**.

Ellas hacen. Ellas hacen el mal con ellos, un mal **moderado**. A ellas ellos les importan poco.

Ellas reciben. Ellas se empoderan mucho, se valoran **bastante superiores** debido a la valoración alta que reciben.

La sociedad. La sociedad se ve **bastante perjudicada** por la actuación de estos normales, pues ellos acaban con **problemas mentales** y subiendo el precio de mercado **un poco**. Los requerimientos que ponen las mujeres son **algo mayores** que antes, están **más valoradas** y por lo tanto van a restringir su acceso, esto provocará dificultad para poder ligar a otros hombres.

Nivel 5. Los ligoncillos. O ligones.

Los ligoncillos son tíos espaviladetes que consiguen seducir a bastantes chicas y que tienen sus buenos momentos, especialmente en la juventud. Algunos tardan un poco en casarse y por eso hacen un poquito de currículum. Son menos blandos, su problema es que no mantienen en el tiempo su dedicación.

Ellos hacen. El bien, ellos hacen el bien, un bien moderado. Un bien que raras veces se convierte en mal.

Ellos reciben. El mal, se les paga con **usura** y se les **castiga un poco**.

Ellas hacen. Ellas hacen el mal con ellos, un mal **pequeño**. A ellas ellos les importan un poco sólo.

Ellas reciben. Ellas se empoderan, se valoran **superiores** debido a la valoración que reciben.

La sociedad. La sociedad se ve algo **perjudicada** por la actuación de estos ligones, pues ellos podrían acabar con **problemas mentales** y subiendo el precio de mercado. Los requerimientos que ponen las mujeres son **iguales** que antes, están **igual de valoradas que antes** y por lo tanto van no van restringir su acceso, esto no provocará a otros hombres empeoramiento en la dificultad para poder ligar.

Nivel 6. Los seductores.

Los seductores son ya un nivel alto claramente. Son tíos que se dedican con ahínco a la seducción y que se perciben diferentes del resto. Su carrera persevera y aunque tienen bajones por noviazgos, incluso matrimonios, vuelven a aflorar y a reaparecer en el mercado, lugar donde se encuentran más cómodos. Son seductores de nivel alto pero no altísimo.

Ellos hacen. El bien y el mal, ellos hacen un bien pequeño, y a veces un mal pequeño.

Ellos reciben. El mal, se les paga **poco** y se les **castiga ocasionalmente** si aflojan en la maldad.

Ellas hacen. Ellas hacen el mal con ellos, un mal **ocasional**. A ellas ellos les importan bastante si hacen el mal y poco si hacen el bien.

Ellas reciben. Ellas se quedan como estaban, se valoran **igual que antes** y alguna vez se les baja el valor.

La sociedad. La sociedad se queda sin cambios por la actuación de estos seductores, ellos acaban bien y el precio de mercado se mantiene estable. Los requerimientos que ponen las mujeres son ligeramente **menores** que antes, están **igual de valoradas que antes con tendencia a la baja,** y por lo tanto van a facilitar su acceso, esto provocará a otros hombres algo de facilidad para poder ligar.

Nivel 7. Los sexductores.

Los sexductores unen la seducción al sexo y muchísimas tías que ligan, las follan. Son muy sexuales. Se perciben como lo más, el depredador, el macho Alpha. Son conscientes del enorme poderío que tienen, que es muy superior a todos los demás. Tienen un currículum que es más de 10 veces el de un tío normal, pudiendo llegar a cientos de tías ligadas y en algunos casos extremos a cientos de tías folladas también.

Ellos hacen. El mal, ellos hacen un mal pequeño y a veces un bien muy pequeño.

Ellos reciben. El bien, se les paga **mucho** y se les **premia mucho** si aprietan en la maldad.

Ellas hacen. Ellas hacen el bien con ellos, un bien **frecuente**. A ellas ellos les importan mucho si hacen el mal y bastante si hacen el bien.

Ellas reciben. Ellas bajan su valor, se valoran **menos que antes** y alguna vez mucho menos.

La sociedad. La sociedad queda beneficiada por la actuación de estos sexductores, ellos acaban estupendamente y el precio de mercado baja a veces mucho. Los requerimientos que ponen las mujeres son **mucho menores** que antes, están **menos valoradas que antes con tendencia a una gran bajada** y por lo tanto van a facilitar mucho su acceso, esto provocará a otros hombres mucha facilidad para poder ligarlas. Ellas se sentirán menos importantes, más humildes, se harán más buenas. En el fondo quedarán tocadas y después otros podrán estar con ellas, aunque ellas mismas saben que los siguientes no estarán a la altura de los sexductores y se sentirán un poco tristes por esto.

Nivel 8. Los esclavizadores.

Los esclavizadores ligan tías por ahí con su poderío de sexductores, las meten en el mundo del sadomaso y hacen de ellas esclavas sexuales.

Ellos hacen. El mal, ellos hacen un mal grande y a veces un mal pequeño.

Ellos reciben. El bien, se les paga **muchísimo** y se les **premia enormemente**.

Ellas hacen. Ellas hacen el bien con ellos, un bien **habitual y muy grande**. A ellas ellos les importan muchísimo.

Ellas reciben. Ellas bajan su valor enormemente, se valoran **muchísimo menos que antes** y alguna vez se valoran muy poco y el esclavizador hace con ellas casi lo que quiere.

La sociedad. La sociedad queda muy beneficiada por la actuación de los esclavizadores, ellos acaban estupendamente y el precio de mercado se baja muchísimo. Los requerimientos que ponen las mujeres son **muchísimo menores** que antes, están muchísimo **menos valoradas que antes con tendencia a la humildad,** y por lo tanto van a facilitar muchísimo su acceso, esto provocará a otros hombres mucha facilidad para poder ligarlas. Ellas se sentirán mucho menos importantes, más humildes, se harán mucho más buenas. En el fondo quedarán muy tocadas y después otros podrán estar con ellas, aunque ellas mismas sabrán que los siguientes no estarán a la altura de los esclavizadores y se sentirán muy tristes por esto.

Nivel 9. Los Dark seductores.

Los Dark seductores ligan tías por ahí con su poderío, las meten en el mundo del sadomaso, hacen de ellas esclavas sexuales y castigan durísimo cualquier abuso que realice cualquier chica. Castigan físicamente con el sado y mentalmente con las acciones Dark. Procuran evitar el mal pues son conscientes de su poderío, pero si alguna por su pésimo comportamiento se hace merecedora de las acciones dark, aquí el Dark se quedará a gusto castigando y disfrutando el castigo que da.

Ellos hacen. El mal absoluto, ellos hacen un mal inmenso y a veces un mal enorme.

Ellos reciben. El bien, se les paga **enormemente** y se les **premia a nivel máximo**.

Ellas hacen. Ellas hacen el bien con ellos, un bien **enorme**. A ellas ellos les importan muchísimo. Sufren a veces terriblemente.

Ellas reciben. Ellas bajan su valor al máximo, se valoran **muchísimo menos que antes** y bastantes veces no se valoran casi nada y son juguetes en manos del Dark seductor.

La sociedad. La sociedad queda súper beneficiada por la actuación de los Dark seductores, ellos acaban estupendamente y el precio de mercado se baja muchísimo. Reequilibran el mercado. Los requerimientos que ponen las mujeres son **muchísimo menores** que antes, están muchísimo **menos valoradas que antes con tendencia a la bondad** y por lo tanto van a facilitar muchísimo su acceso, esto provocará a otros hombres mucha facilidad para poder ligarlas. Ellas se sentirán mucho menos importantes, más humildes, alguna hasta se hará buena. En el fondo quedarán muy tocadas, y después otros podrán estar con ellas, pero ellas mismas sabrán que los siguientes no estarán a la altura del Dark seductor ni de muy lejos, y se sentirán súper tristes por esto hasta que se les pase con el tiempo. Si se les pasa.

Nivel 10. Los Ángeles sex-terminadores.

Los Ángeles sex-terminadores, son personas que ya han hecho todo que ya han cumplido con todo, que ya fueron todo lo anterior, que se han cansado de hacer el mal y de tanto hacer el mal vuelven a ser buenos. Han dado el círculo completo, han muerto ya han renacido, han pasado por crisis en las que parecía que ya se había acabado totalmente su vida de seductores, y han vuelto otra vez a vivir. A vivir otra vida más cuando ya pensaban que todo había acabado. Son como el ave Fénix que renace de sus cenizas. En el pasado fueron blandos, tontos, listos, más listos, cabrones, más cabrones, malos, malísimos, esclavizadores, hicieron sus masacres, sus producciones monstruosas, sus acciones dark, dieron sus castigos terribles. Todo ello lo hicieron en varios ciclos, se retiraron, pero volvieron otra vez al juego.

Son gente que está por encima del bien y del mal, que ya no tendrían que estar aquí, gente que su tiempo debería haber acabado hace décadas, pero ahí están contraviniendo totalmente todas las reglas del mercado por su enorme poderío. Se hacen inmortales en la seducción, y no pueden ser borrados del mapa de la seducción ni con la edad extrema ni con nada.

Vuelven otra vez al juego pero mirándolo desde arriba, mirando como todas las pobres gentes se divierten y sufren. Es como si ya estuvieran muertos y observasen a todos hacer lo que ellos llevan haciendo desde tanto tiempo atrás. Pero están vivos y siguen jugando. Juegan muy duro.

Pero ya no quieren ser buenos ni quieren ser malos, ahora quieren ser justos y beneficiar a la sociedad en general con su participación. También quieren ayudar a que otros liguen y que lleguen a su nivel casi divino.

Los Ángeles sex-terminadores no tienen un gran afán de conseguir grandes triunfos, ni grandes números, ni hacer grandes maldades, simplemente disfrutan el jugar y se liberan de buscar records y hacer los grandes sacrificios que requiere todo esto.

Esta autocomplacencia no produce unos resultados mejores que en los niveles anteriores, pues realmente se dedican sólo cuando les apetece y hacen lo que les apetece, por encima del bien y del mal.

Realmente **el nivel máximo es el Sexductor**. En ese nivel estás preocupado en la producción, quieres producir, producir en masa, hacer una masacre. A partir de ese nivel que es el nivel máximo, se te empieza a ir la cabeza y subes de nivel a costa de hacer cosas bastante locas.

Así al esclavizador deja de importarle tanto la producción y empieza a preocuparle más la **producción esclavizadora**, pues ya tiene una enorme cantidad de mujeres a las que ha conquistado y busca nuevas cosas.

El Dark seductor sabedor de todo su poder y de su capacidad de hacerlas sumisas al amo, esclavizarlas física y mentalmente, quiere alzarse como un justiciero y en vez de dedicarse a producir en masa como el sexductor, se dedica a ligar, pero **con tendencia a buscar mujeres malas** a las que castigar y aplicar su sadismo, con lo cual también se le va la cabeza bastante. Se cree el que equilibra el sistema el que haciendo el mal hace el bien y tiene razón, pero también por causa de estos aires de grandeza baja su producción.

Más aún se le va la cabeza al ángel sex-terminador que cree que está por encima de todos y así es, y que ya no se preocupa ni de producir, ni de castigar en exceso, solamente de estar en el juego.

Esto es lo que te puede pasar si sigues seduciendo en masa, que llegará un día en que se te irá la cabeza y que te convertirás en esclavizador, o Dark seductor, o ángel sex-terminador.

Lo que te estoy contando te sucederá como mínimo a partir de los 40 años y puede que a partir de los 50 con más probabilidad. En realidad si quieres acrecentar tu leyenda en cuando a números no deberás de subir nunca de nivel siete, nivel sexductor, pues todos estos niveles superiores son niveles un poco de locos. Te darán más poder, sí, un poder de dominio, un poder cualitativo, pero no cuantitativo. Tu currículum, tu producción será bastante menor. Por lo tanto recomiendo que nunca subas a más nivel que al nivel sexductor, así realmente sumarás los mayores números.

Creo que no se puede estar indefinidamente en sexductor pues es súper desgastante. Por eso lo natural es que te des cuenta de que ya has hecho tantos números que te apetezca hacer otras cosas, te apetezca esclavizar, te apetezca castigar, o que ya yéndosete la cabeza del todo, te creas el ángel sex-terminador el que está por encima de todo y de todos, y que ni siquiera te preocupes de vencer, ni de apabullar, sino de simplemente estar ahí cual Dios juzgando a todos los demás y de paso exterminando inútiles.

Por eso aunque hayas llegado a nivel diez, al cual he llegado yo, recomiendo reiniciar bajándote tres niveles y volver a ser otra vez un simple sexductor. Un sexductor laborioso y dedicado que se esfuerza en hacer su producción, olvidándose de los siguientes niveles que lo único que hacen es frenar esa producción y que se te vaya la cabeza demasiado. Así que para volver a ser poderoso hay que bajarse el nivel, quedarse en sexductor y no subir más de ahí.

Y así dando todo el círculo te bajas el nivel y reinicias otra vez motivado, otra vez con ilusión en sumar, con ilusión en hacer masacres, con ilusión en volver a hacer grandes cantidades y ahí es donde debes de estar. Mientras estás en la vida estás en la lucha. Debes ser lo más productivo posible, producir y producir hasta que ya no puedas más. Entonces otra vez subes de nivel para reposar un poco, y castigas, esclavizas, o eres un ángel sex-terminador, descansas un poco en esos niveles y vuelves una y otra vez a la producción masiva y la mantienes todo lo que puedas. Y así muriendo y renaciendo varias veces, vas camino a la muerte alegre y despreocupado.

Yo mismo renuncio ser un Ángel sex-terminador y me vuelvo a considerar un sexductor. Ya he hecho tantas cosas que quiero ser uno más. Y esta es la historia de cómo se llega a ángel sex-terminador y cómo se renuncia a ello.

Ellos hacen. El bien.

Ellos reciben. El bien porque es tanto nivel que ni haciendo el bien los pueden castigar, además no nos importa.

Ellas hacen. El bien y además da casi igual lo que hagan.

Ellas reciben. Reciben el bien de nuevo.

La sociedad. Sale beneficiada pues hay movimiento. El Ángel sex-terminador hace sexo y abandona, no importando nada el amor, ni tampoco el sexo en exceso, ni la producción, ni castigar. El ángel mira que no salga perjudicada y abandona pronto. Hace sexo y termina. De ahí el nombre sex-terminador. Sex terminador pero sin rabia ni venganza. Las deja para que ellas no sufran enamorándose de un auténtico vampiro inmortal, que quiere ser bueno, pero sabe lo malísimo que es. Por no perjudicar demasiado y que se enamore abandonas pronto. Otras veces te importa todo una mierda y a veces ni abandonas a una con la que estás bien. Profundizas el sexo y disfrutas la vida.

El Ángel sex-terminador es a la vez ángel y demonio. Quiere potenciar la parte divina. Es un dark seductor cansado del mal.

Alguna vez el ángel baja un poco su nivel divino y castiga como un Dark seductor, pero sólo si ve que es bueno para la sociedad en general. Esto no gusta al Ángel pero lo hará si es preciso.

Al final el Ángel se cansa de ser tan bueno y tranquilo y elige reencarnase otra vez en sexductor.

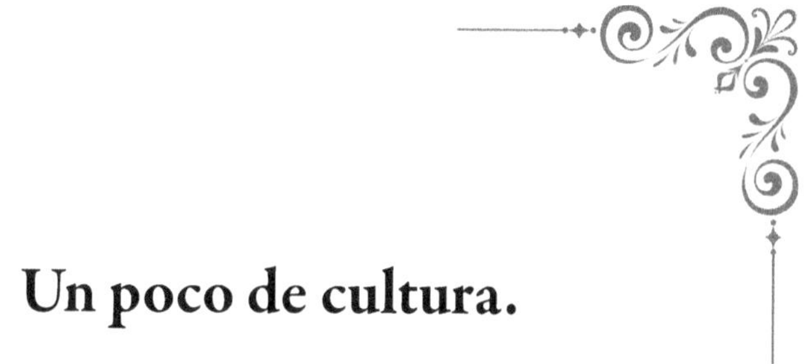

Un poco de cultura.

No puedo dejar de extasiarme al ver algo perfecto, sólido, atemporal, bello. Ese algo al que me refiero puede ser muchas cosas, un edificio, una estatua, un libro. Es hora ya de dejarse de pendejadas como dicen los mexicanos, es hora ya de adquirir un poco de cultura para poder entender mejor la seducción y la vida.

No basta con saber seducir, eso es de principiantes, hay que saber tratar con las chicas una vez ligadas, hay que saber de la vida. Para ello me fijo en los antiguos escritores que sabían de la vida. En sus obras hace cientos de años a veces, ya incluían muy bien reflejados a los seductores. Aprendamos de estos personajes de ficción, porque en realidad no son de ficción, son modelados por su autor imitando a uno o varios seductores reales que conoció. La gente no puede inventar casi nada, nadie puede escribir de lo que no sabe, la gente refleja su mundo y su vida. Y si hay seductores en las novelas es porque el autor, o lo es, o los conoce perfectamente. Todo sale de su experiencia de la vida, de observar a la gente y entender su comportamiento. Algún seductor incluido en los libros está tan bien reflejado que no me cabe ninguna duda de que el autor conocía perfectamente todas las reglas de seducción, que sabía todo y quiso demostrarlo creando estos personajes. Ahora siglos después, un igual reconoce a su igual y valora su obra.

Así siglos antes de coachs y escuelas de seducción, había escritores que mostraban la seducción en toda su magnitud, la seducción bondadosa y también la más dura, la Dark seducción.

Doy buena fe de que estos seductores son excelentes y que es verdad que así nos comportamos tal y como sale en las novelas. Creemos que lo sabemos todo y que somos lo máximo y lo mejor, pero en cualquier tiempo pasado hubo siempre ligones, folladores, y enormes maestros, hombres que disfrazados bajo el aspecto de hombres acorde a la época eran grandes conocedores de la vida y de la seducción. Así que voy a comentar varias novelas que últimamente he leído y voy a traducirlas al lenguaje de la seducción. Estas novelas son decodificadas e interpretadas por mi cabeza para extraer su esencia y que tú puedas si quieres luego leerlas y entender todo perfectamente.

Estas novelas han sido codificadas por un seductor y solamente las puede decodificar y entender perfectamente otro seductor.

Los maestros del espacio-tiempo nos hablan a través de estas novelas y hay que saber ver más allá de la apariencia y de las muchísimas cosas accesorias que aparecen en ellas. En su esencia tienen enseñanza y nos muestran cuál es la realidad de las cosas. Una realidad que **es inmutable** tanto ahora como hace un siglo o dos. Hay que pensar en el momento del espacio-tiempo en el que se escribieron y comprender que no se podían decir abiertamente las cosas como se dicen ahora, sino que tenían que disfrazar de comportamientos correctos, galanterías, y buenos modales, la enseñanza. La enseñanza esta ahí oculta tras muchísimas capas de cursiladas y ridiculeces de la época. Son cosas en las que no te debes fijar y que están para ocultar la verdad, cosas que había que poner para poder ser aceptado por la masa y que ponían también pues era el modo de sentir y expresarse en esa época.

Si viviesen en el siglo xxi serían como nosotros totalmente.

La seducción en la novela "Los gozos y las sombras".

Toda la vida ha habido dos tipos de hombres en el amor, los ganadores y los perdedores. Esto se ha reflejado en novelas y también en películas. Siempre pasó esto, a más belleza y más riqueza más y mejores mujeres se conseguían, sobre todo en el pasado en el cual las mujeres estaban a merced del hombre totalmente y tenían que casarse con quien fuera un buen partido, es decir, con quien las pudiera mantener. Aunque no les gustase, aunque hubiera otros más guapos y atractivos, las propiedades, la posición social y la riqueza fueron el factor más importante y decisivo para ellas. Esto lo vemos reflejado en la novela de Torrente Ballester "Los gozos y las sombras",

Esta novela se desarrolla en la Galicia de la década de 1930. Don Cayetano el mandamás del pueblo hace y deshace a su antojo y goza de todas las mujeres del pueblo, incluso las mujeres de sus amigos de la cantina. Este hombre se jactaba de acostarse con todas las chicas guapas del pueblo y nadie podía arrebatarle ninguna. En "Los gozos y las sombras" se ve que en esta época de los años 1930, en la España de antes de Franco, había ganadores y perdedores muy claros. El 99 por cien eran perdedores que se conformaban con tener una mujer, la que fuera, o más bien la que pudieran mantener con su nivel de ingresos.

Cuando uno tiene todo el dinero y da trabajo a todo el pueblo, todas las mujeres están en deuda con él, pues coloca a sus maridos y les da trabajo. Si este hombre quiere pasarse por cualquier casa a cobrarse en especie el favor de tener a esa familia trabajando, pues va y se lo cobra, nadie le discute nada. Esto qué es una novela bien fue así en la realidad.

Solamente cuando llega un personaje de la aristocracia, no tan rico, pero con estatus, familiares ricos, posesiones e influencia, encuentra Don Cayetano un rival a su altura en los temas de seducción. Estos dos hombres se reparten el pueblo entero de diversas maneras.

Don Carlos, el nuevo, desde la educación, el recato y el respeto en cierta manera a las mujeres, un respeto muy extraño que lo único que hace es disfrazar de educación su profundo rechazo a cada una de ellas, que son ignoradas y torturadas totalmente con su total indiferencia. Muchas de las mujeres del pueblo se le insinúan o directamente le dicen que les gusta, pero él se mantiene más frío que un témpano, disfrazando de corrección y buenos modales su aversión total por ellas. A todas rechaza excepto a una. Es justamente "La galana" la amante más importante de Don Cayetano a la que Don Carlos gusta de seducir y seduce rechazando a todas las demás. Don Carlos está diciendo a gritos con esto, la única que quiero es la que tú más valoras y yo voy y te la quitó. Esto provoca un enfrentamiento entre ambos, uno desde la gallardía y el arrojo más ancestral Don Cayetano, y el otro Don Carlos un hombre con mucha verborrea, que ni dice sí ni no y tergiversa, manipula y engatusa con sus palabras educadas que al final no dicen nada.

Mi teoría es que este Don Carlos es un misógino al máximo pues rechaza todas las buenísimas mujeres que se le ofrecen en el pueblo, y solamente por hacerle un feo y situarse encima de su rival Don Cayetano, seduce a la única que no podía ligar, "la galana", que era la amante oficial de Don Cayetano.

Una estupenda mujer llamada Clara, de vida un poco licenciosa pero de muy noble corazón se muestra totalmente entregada a Don Carlos, él la hace sufrir y sufrir y la tortura con su total indiferencia. Solamente cuando Cayetano se fija en ella es cuando Don Carlos la reclama para sí.

Otra mujer de altísima clase social que llegó al pueblo fue totalmente menospreciada por Don Carlos, que se hizo pasar por ignorante con tal de desagradarla y que le dejase en paz. En el fondo Don Carlos buscaba la libertad, el no estar atado a ninguna mujer, pues lo dice varias veces en la novela que prefiere su libertad, tanto para vivir por sí mismo y no depender de nadie trabajando para otros, como para no depender de ninguna mujer, pues venía precisamente huyendo de una mujer desde Viena.

Yo recomiendo que leas esta novela pues te enseñará bastantes cosas, es especialmente importante el personaje de Don Cayetano que me simpatiza mucho y que aunque lo ponen como el malo de la novela, para mí goza de mi total simpatía, pues en el fondo es bueno, no miente a las mujeres, no miente a los hombres, va por ahí jactándose de follarse a todas, y es alegre y fiestero, generoso con sus amigos, y también con las esposas de sus amigos, a las que folla y luego llama cornudos a sus maridos a la cara. Este hombre es el seductor sinvergüenza y descarado que no tiene ningún miramiento con nadie, ya sean diputados, alcaldes obispos o quien sea. Todos le rinden pleitesía, es el puto amo de la ciudad, va de frente y es directo.

Mientras que el protagonista principal Don Carlos es un hombre astuto, frío, un misógino, un hombre que odia a las mujeres profundamente y que desde la educación y la galantería las desprecia profundamente, pues ninguna está a su nivel. A todos engaña con sus palabras bonitas que no dicen nada. Su gran enamorada la mujer que tiene totalmente entregada, Clara, sufre años y años de desplantes, desprecios y olvido. El da su amor, mejor dicho su fornicación a una campesina bruta, a la que también da largas y finalmente desecha dejándola que se case con otro aldeano.

Es curioso que entre estos dos hombres existe el problema de dictaminar cual es más cabrón. Pienso que este Don Carlos al que todos consideran bueno, es mucho más cabrón, pues hace sufrir muchísimo a las mujeres, haciéndose el tonto, haciéndose el amigo, el educado, el hombre bueno. Pero en sus adentros se siente totalmente por encima de todas y a las cuales el debe de considerar indignas de pertenecer a su distinguida familia. Por eso solamente para satisfacer sus bajos instintos y por fastidiar al otro seduce a "la galana". Este hombre es frio, astuto, manipulador, va de bueno, pero a mí no me simpatiza mucho. De tan duro y tan frio para mí se convierte en tonto perdido, pues pierde innumerables oportunidades. Sólo se entiende lo que hace si aplicamos mi teoría de que es un misógino trastornadísimo que sabe que la única manera de fastidiar de verdad a las mujeres, es rechazarlas a todas. Un mgtow de la antigüedad.

Mientras que el otro las da dinero, las invita, las lleva por ahí, las hace reír, todas tienen su oportunidad, es alegre fiestero y disfrutador, obviamente Don Cayetano es el Sexductor mientras que el otro es un tipo que disfrazado de bondad, es ambiguo, no se define por un lado ni por otro y realmente es malo. Así que aquí el protagonista principal es el malo, y el villano, por lo menos bajo mi punto de vista, es el bueno.

Al final intentan derrocar a Don Cayetano y éste se defiende a ostia limpia de todos, vence a todos sus enemigos a puñetazo limpio y no pueden ni entre todos los cabecillas del pueblo acabar con él.

Creo que este hombre Torrente Ballester que escribió este libro era un hombre muy inteligente. El autor **dividió lo que es un seductor total en dos hombres diferentes**. Por un lado tenemos la frialdad de Don Carlos que bajo la apariencia de bondad es un cabrón absoluto. Un hombre que para conseguir ser tan despiadado pierde infinidad de oportunidades y no disfruta nada a las mujeres, solo disfruta su venganza que es verlas sufrir por él, y el otro Don Cayetano, al contrario, es el sinvergüenza encantador, el Sexductor que lo pasa bien y disfruta con ellas.

Para tener éxito de verdad hay que ser un 75% Don Cayetano el follador alegre y fiestero, y un 25% Don Carlos el cabrón que tiene más goce en verlas sufrir que en disfrutar de ellas.

En el fondo son los dos el mismo hombre en dos cuerpos diferentes, esta novela habla de mi.

La seducción en la novela "Fortunata y Jacinta".

Esta novela ambientada a finales del siglo xix en Madrid relata las aventuras de dos mujeres, Jacinta una mujer de clase alta y bien parecida, que por posición social está destinada a casarse con un hombre rico y guapo; y Fortunata una mujer de clase muy baja que tiene que aceptar la compañía de cualquier hombre que le aparezca, y que vive calamidades y desgracias por su condición social. Fortunata es tan guapa o quizás un poco más que Jacinta y de ella se enamora nuestro galán que es Juan Cruz. Con ella tiene un hijo que después muere. Tras estas aventuras la abandona obligado a casarse con Jacinta. Pero no la puede olvidar y en cuanto se entera que está de nuevo la ciudad vuelve a buscarla. Fortunata pasa muchas penalidades y tiene que ser ingresada en un convento pues allí va a recibir la educación que requiere su nuevo novio, Maximiliano un hombre débil y enfermizo que no es ni la décima parte de hombre que Juan de la cruz y que con el cual se ve obligada casarse para poder sobrevivir. Tan pronto como sale del convento está Juan de la cruz esperándola y no tarda ni un día en volver con él engañando a su nuevo marido, que ni en la noche de bodas pudo consumar el acto, pues estuvo enfermo.

Pronto corren los rumores de las infidelidades de Fortunata y el nuevo marido que no recuerdo bien el nombre de lo tonto que es, va a intentar agredirlo y lleva una paliza tremenda que casi se muere.

En esta novela vemos claramente diferenciado el guapo seductor y al tonto agradador de una manera muy exagerada. Uno es un guapo guapísimo que dudo yo que hubiera ningún hombre así en España en esa época, con esa planta y esa a mi manera de comportarse tan elegante y educada, un galán total. El otro un tonto enamorado, un blando blandísimo que no hace más que llorar estar enfermo y declarar su amor por Fortunata, un hombrecillo que pesa apenas 50 kilos. Este hombrecillo por su posición social accede a esta mujer que tiene que aceptarlo porque si no se queda en la puta calle. Mucha mujer para él. El conseguir esta mujer contra natura, simplemente por el dinero y la posición, se paga con constantes infidelidades, y una vida miserable de cornudo.

Fortunata que es la protagonista de esta novela vuelve una y otra vez con su amado Juan Cruz que una y otra vez acaba cansándose de ella y dejándola. Ella pasa muchos sufrimientos y tan pronto como él vuelve a parecer ella vuelve a ir con él.

Abandona el marido y queda por ahí pérdida,, pero de un señor mayor aprovecha la situación y la hace su amante. Ella se deja hacer debido a su pobreza y a que el hombre es bueno sin ser tonto, es un hombre bien solo que mayor. Este hombre la disfruta pero su salud ya se resiente de tanta jodienda y le recomienda volver con el marido. Vuelve pero es más de lo mismo, el marido es un hombre totalmente apocado que no ofrece ningún atractivo para ella, tan pronto como aparece Juan cae en las garras del seductor. Pero una vez más vuelve a dejarla.

Pasa penurias la pobre mujer, hasta que ya finalmente se harta de todo se hace respetar dice abiertamente a todos que no quiere a su marido y que ama al seductor, por ello vuelve a dejar al marido y parece que por fin se une a su eterno amor Juan Cruz. Fortunata paré un hijo de Juan sola, incluso establece contacto con allegados de Jacinta, esta Jacinta la mujer de Juan Cruz no podía tener hijos y los deseaba muchísimo. Pasan muchas más cosas y finalmente esta pobre mujer tan desgraciada muere y dona el hijo a Jacinta, no sin antes pelearse con otra amante de Juan, que es lo que finalmente le cuesta la vida. El marido de Fortunata al enterarse de su fallecimiento va al manicomio de cabeza.

¿Qué enseñanza extraemos de todo esto? Pues una enseñanza muy dura. Que los seductores sufren un poco, o sea sufren, pero se reponen fácilmente porque tienen otras amantes, en el fondo aman muy superficialmente, pero el daño que van causando es tremendo. En Fortunata el daño es enorme pues esta mujer siempre lo ama y no puede olvidarlo, y literalmente, se muere por el peleándose con otra que ha sido amante de él también. Jacinta su mujer sufre un montón, y al final todos sufren una barbaridad. El que menos sufre es el que hace sufrir a todos Juan de la cruz, el seductor, ese es el que hace un daño tremendo. Y aquí viene la cuestión importante

El amor es en perpendicular, ¿qué quiere esto decir? voy a desarrollar la teoría. Basándonos en esta novela como ejemplo te digo que lo que sucede en el amor es una cosa muy curiosa. El seductor ama un poco a varias mujeres. Pero algunas se enganchan totalmente de él, en este caso las enganchadas son Fortunata y Jacinta, las dos, pero en mucha mayor medida Fortunata que no lo tiene y que lo ve esporádicamente y sufre sus ausencias durante largo tiempo, Jacinta sufre sus infidelidades, también sufre, pero menos que Fortunata. Bueno el caso es que podríamos decir que ambas sufren más que él.

Si imaginamos que el amor son flechas podríamos decir que una flecha va de Fortunata hacía Juan pero este no le devuelve la flecha hacia el otro lado. Fortunata al no recibir la flecha de Juan se sume en la angustia y el desespero y eso que es una mujer guapísima. El corazón de Fortunata pertenece a este hombre así que aunque esté libre en apariencia, no lo está en sus sentimientos. Aparece un hombre Maximiliano que se enamora de ella y ella por necesidad y porque le conviene para sobrevivir y no estar en la puta calle, lo acepta, sin gustarle ni quererlo. Entonces ese Maximiliano lanza una flecha hacia Fortunata pero ella no se la devuelve, porque la fecha de Fortunata va hacia Juan. Así Juan no solamente se crea una desgraciada, Fortunata, sino que el hombre que va detrás de ella, el marido, también sufre porque Fortunata no le ama a él.

Sin embargo en el caso de Jacinta ella lanza una flecha hacia él y él se la devuelve un poquito y esa mujer sufre menos y queda mejor aunque no del todo. A esta mujer también le salió un pretendiente que ni se atrevió a declararse pero hubiera sido rechazado también. La conclusión de todo esto es que el hombre frío y duro, sale bien parado y todos los demás sufren en cascada. Fortunata sufre por él y Maximiliano sufre por Fortunata que tampoco le corresponde, así que el hombre deseado no causa un cadáver amoroso, una chica que lo pasa mal, sino dos, la chica y el enamorado de la chica. Pues esta chica ya no vale para estar con otros, o aunque este con otros no se siente realmente feliz, ni corresponde en demasía Se crean dos cadáveres amorosos, la chica a la cual abandona y el hombre enamorado de esa chica que sufre porque ella tampoco le corresponde a él.

Es como una carrera en la que nadie se alcanza, primero va a Juan, le sigue Fortunata que solamente a veces lo alcanza un poco pero se le vuelve a escapar, detrás de Fortunata va a Maximiliano que jamás está cerca de ella ni lo estará nunca.

Al final Fortunata muere por su desamor porque literalmente se muere por él y Maximiliano se vuelve medio loco y lo acaban ingresando en un psiquiátrico.

Esta es una novela realista y le doy mi validación de que es así en la realidad, no se ha inventado nada ni se ha edulcorado da cruda realidad, así son las cosas de la vida, unos pocos salen bastante indemnes y la gran mayoría sufre mucho.

Aquí viene la cuestión moral.

Si nosotros no fuéramos los que corresponden poco, los que hacemos sufrir en variable medida a las mujeres, si ellas no fuesen detrás de nosotros, entonces seríamos los que van detrás de ellas y viviríamos sufriendo. Así que si hay que elegir entre sufrir nosotros o que sufran otros, elegimos que sufran ellas sabiendo que hacemos un mal, pero más mal haríamos siendo nosotros los sufridores, los que vamos detrás de una mujer a la cual le gusta otro hombre que no la hace caso.

La vida es dura, todo son relaciones que acaban casi siempre en el dolor, así que hemos de aprovechar los buenos momentos que tenemos y tratar de divertirnos y pasarlo bien sin sufrir ni hacer sufrir demasiado, porque si pecamos de excesivamente cabrones joderemos la vida a la gente, a mujeres buenas que sufrirán en exceso por nosotros y esto repercutirá a otros hombres buenos que van detrás de ellas, y será una **cadena de dolor**.

Nosotros no queremos eso, por eso el ángel sex-terminador procura ser justo.

Tenemos una enorme responsabilidad, por eso hemos de mostrarnos francos y decir cuál es nuestra intención real, pues así al menos no engañaremos a las buenas mujeres. Aun así se enamorarán, pero menos. No vamos a sufrir pero tampoco vamos a hacer sufrir en exceso a nadie, por eso trataremos de hacer un comportamiento equilibrado. Sólo aplicaremos la dark seducción a mujeres muy malas. Somos ángeles de luz que usan la oscuridad para la estricta defensa.

En la serie de tv cuando vi al actor que interpretaba a Juan Cruz dije nada más verlo, ¡Ese no es español! En España no hay hombres así. Miré en internet y efectivamente era francés. Los franceses tienen ademanes finos y un porte elegante. Inmediatamente lo asocié a mi amigo el francés. En la época de la novela no había en España un hombre así de 1.85 m con esa planta y elegancia, no me equivoqué.

La seducción en la novela "Cañas y barro".

En esta novela de Blasco Ibáñez aparece un personaje fantástico que representa al seductor perfectamente, se llama Tonet.

Este hombre era el guaperas del pueblo llamado el Palmar donde se desarrolla la novela, este pueblo está muy cerca de Valencia en plena albufera. Tonet tenía a las mujeres loquitas, pues era un tipo delgado guapo, con planta, con una eterna sonrisa cautivadora. Nada más verlo supe perfectamente que el actor que lo encarnaba era, o bien un seductor de verdad, o un tipo con unas dotes de enormes para la seducción. Este hombre en vez de trabajar con su abuelo pescando en la albufera, o recoger arroz con su padre se dedicaba a estar en la taberna con su fiel amigo, perdonar que no recuerde el nombre e este otro personaje ja, ja, ja. Se pasaban todo el día bebiendo vino, a veces iban a cazar, o pasaban el día por ahí sin hacer nada, En fin Tonet era un auténtico vago, tan vago que hasta su padre dijo que era la vergüenza de la familia porque no quería ni estudiar ni trabajar.

Este hombre tenía a todas locas, pero especialmente a una ya desde niño, una chica llamada Neleta.

Esta era su novia aunque tenía que aguantar sus constantes devaneos con todas las demás. Ella hacía la vista gorda porque sabía que al final iba a ser la elegida. Este hombre se fue a Cuba escapando de la vergüenza que le hizo pasar su padre que le recriminó que estuviese borracho en la taberna y lo humilló delante e todos sus seguidores. En vez de reconducirse se marcho. Estando allí en cuba estalló la guerra, pero él en vez de pasar miedo o estar intimidado al menos, se lo pasó de puta madre. En las propias cartas que escribía a su apenada familia, a su Padre, abuelo y hermana, les decía que las guajiras de Cuba eran muy amables y que le daban todo lo que quería, y cuando uno es hombre, ellas ya saben lo que quieren un hombre. Esto lo oyó la mismísima Neleta que se distanció bastante de él por esto.

La guerra duraba bastante y no se sabía si estaba vivo o muerto, así que es entre los desplantes que le hizo a Neleta, la despreocupación que mostraba en las cartas por ella y el no saber si estaba realmente vivo: Neleta se buscó la vida y se casó con el más rico del pueblo que había enviudado recientemente. Este marido era un hombre muy mayor, de hecho estaba cercano a morirse por su mala salud.

Cuando ya lo daban por muerto volvió nuestro hombre echó un pincel, guapo y elegante, como si fuese el mismísimo rey. Quedaron todas las del pueblo alucinadas, vino más guapo que nunca, con bigote, ropa blanca al estilo cubano, traje blanco y un sombrero elegantísimo. A Neleta se le cayeron las bragas literalmente y enseguida empezó a ponerle los cuernos a su marido con Tonet.

La historia acaba así, en cuando murió el marido Neleta volvió con Tonet y al poco tuvo un hijo con El. Este hijo traería problemas pues de saberlo el pueblo le quitarían la mitad de la herencia, y ella misma que se volvió muy mala lo repudió. Mandó a Tonet abandonarlo en la inclusa, que era una institución para niños huérfanos y no deseados. Lo que sucedió que fue un auténtico drama, pues estas novelas de los siglos xix y principios del xx pertenecían al realismo, y lo que buscaban era eso, el drama al final. Así que el autor decidió acabar la novela en drama total. Nuestro seductor al encontrase a un pescador mata a su propio hijo sin querer, asustado porque lo pudieran ver. Lo metió bajo el agua de la albufera para que no llorase. Después horrorizado va y se suicida.

Un final nada lógico y muy poco probable que lo que busca es el trasmitir, el ser así como Tonet trae desgracia. Este final está hecho así por los gustos de la época, porque eso era lo que querían oír. Nada de eso pasaría en la realidad y nuestro hombre acabaría triunfante. En esa época en la que todos trabajaban y sufrían mucho el ser tan agraciado y poco trabajador tenía que ser castigado para que la sociedad lo viera bien, de ahí ese final tan trágico. Vendía más libros y agradaba a las gentes de bien de la época, que no toleraban que un vago vividor y mujeriego acabase bien.

Lo que más me llamó la atención fue que cuando llegó, todos estaban apesadumbrados temiendo decirle que su novia se había casado, pero él ya lo sabía, y con una sonrisa en la boca fue allí tan tranquilo sin celos ni temor. Fue a hacerse amigo del marido y a cobrar la pieza que realmente era suya. Esta ausencia de celos, de preocupación y de enamoramiento me dejo alucinado, era un auténtico maestro en el año 1900.

La historia de esta obra demuestra que también en Valencia sobre el año 1900 tuvieron que haber seductores. En ellos se inspiró Blasco Ibáñez para crear este personaje de Tonet, porque como decía antes nada se crea de la nada, todo viene de la observación de personas reales. Siempre hubo seductores fríos, duros, despreocupados, divertidos y fiesteros. No siempre estuvieron bien vistos, más bien casi nunca, así que en la novela hace grandes maldades para así agradar al publico biempensante y formal. Esta gente los odiaba, pues se sentían tan inferiores que deseaban su muerte. Los escritores sabedores de todo ello, ponían a los seductores en sus novelas cometiendo fechorías que ellos jamás harían, esto lo hacían harían para agradar al público general. Tú y yo sabemos que una cosa es ser seductor y otra cosa ser malo. Los seductores son más buenos que la gran mayoría de las personas. Los seductores aman, los envidiosos odian por no poder ser como ellos. La puta envidia.

Así se quería asociar seducción a maldad. Esta novela fue escrita para agradar a envidiosos y mediocres que es lo que abundaba, aun así el autor demuestra que bien es un seductor él, o bien los conoce a la perfección. Con este lamentable final, agrada a la masa y de paso se da el gusto de contar una historia donde el seductor triunfa en todo durante toda la novela menos al final. Les cuela una historia de seducción sin que se enteren.

El final real hubiese sido el total triunfo de Tonet. Pero eso no se podía asimilar en 1900, había que crucificarlo, así se hizo y todos contentos. El autor cuenta la vida estupenda de este hombre y los lectores se alegran de que muera y piensan, lo merecía por no trabajar, por disfrutar tanto. Todos contentos.

Gran obra.

El gran Reseteo.

Por eso cuando has llegado ya a nivel máximo lo más importante es bajarse rápido de nivel porque te encuentras en un nivel de escasa competitividad. Degradarte a Sexductor te obliga a estar en la lucha. O sea eres consciente de que deberías de ser un ángel exterminador pero prefieres ser un simple sexductor y así pones tu cuenta a cero y vuelves a hacer tu masacre otra vez.

Mientras hay objetivos por los que luchar hay vida, no se puede estar en ese estado celestial más que unos pocos meses. Hay que volver a la emoción siempre, dejar de creértelo y volver al juego con la ilusión de un principiante.

Esto no se puede dejar por mayor que te hagas, lo llevas en la sangre. Muchos nacen mujeriegos por pura genética y mueren a los 96 años siendo mujeriegos.

Ahora sólo llevo una mujer seducida. Eso hoy ¡ya veremos mañana mismo!

Pasarlo bien.

Pasarlo bien es la gran ocupación del ángel sex-terminador y de cualquier seductor. Si tú estás contento trasmites esa alegría a las chicas con las que interactúas, tu alegría las atrae porque a la gente le gusta estar con personas que aporten buenas sensaciones. Tu función es estar siempre contento, ser alegre. Ellas valorarán súper positivamente esto pues la gente está muchas veces triste y necesitan dosis de buen humor

A las chicas les gusta reír y pasarlo bien. Los hombres normalmente cuando interactúan con las mujeres están bastante nerviosos y ello les impide fluir bien y sentirse cómodos con ellas, con lo cual ni son divertidos, ni se lo hacen pasar bien por culpa de eso, de la tensión, de saber que te estás jugando el conseguir esa tía buena. También tienen miedo a decir algo desagradable o a meter la pata dando su opinión de algo, y que esto no sea del gusto de ella. Con estas limitaciones realizan una conversación muy políticamente correcta sin riesgos, pero sin poder personal. Esta interacción transcurre por cauces muy convencionales, la interacción no es natural ni carismática.

Estos hombres están cohibidos, por ello no fluye el carisma natural que tienen en mayor o menor medida. El carisma que se emana cuando estas relajado y desinhibido. Ellas perciben esto, el cohibimiento, la tensión y esto hace que ellas no se encuentren cómodas.

Ellos están incómodos por el nerviosismo y la tensión, están cohibidos y no dicen cosas muy divertidas. Esto provoca una situación ligeramente tensa y que no es agradable para ellas. Para compensar este nerviosismo estos tíos ponen el foco exclusivamente en ellas, interesándose excesivamente sin emanar ningún carisma y aún la cagan más.

Tienes que estar despreocupado como si no te jugases nada, como si la conocieses de toda la vida, alegre y desinhibido, crear confianza y confort. Estando tú cómodo la haces sentir cómoda a ella. Tendrás mucho ganado si aparte de esta comodidad, te comportas de un modo tal que eres capaz de generar humor. Así la chica no solamente no se incomoda, sino que lo pasa muy bien. Si unimos a todo esto la seguridad en nosotros mismos, sintiéndonos atractivos y emanando ese atractivo a través de nuestro lenguaje corporal, entonces las posibilidades de ligarla aumentarán exponencialmente.

Es una cuestión de hacer sentir bien a la chica y que pase un buen rato. Junta la atracción con la comodidad generada y el humor y tendrás un importante estatus en su cabeza.

Sé desinhibido, sé tú mismo, estate cómodo y tranquilo, como si no hubiese nada en juego fluye, gústate, crea buen feeling y atracción y todo irá sobre ruedas.

De todas las cualidades del método JD creo que la de desinhibido es la más importante, porque es la que te deja aflorar tu verdadero yo, la que muestra tu carisma y personalidad. Si nosotros somos nosotros mismos incluso potenciamos lo que somos, gustaremos o en algún caso generaremos rechazo, pero seremos auténticos. Normalmente aunque en el exterior puedan estar en desacuerdo con lo que digamos, nuestra seguridad y carisma genera la suficiente atracción como para pulir estos inconvenientes y pese a ellos traerla a nosotros, les encanta la gente segura y carismática.

Nunca seduciremos diciendo cosas políticamente correctas ni siendo neutrales, tenemos que emanar nuestro carisma. A algunas no le gustará, bueno nadie gusta a todo el mundo, pero seremos honestos genuinos y auténticos. Por eso jamás debes de tener miedo a dar una opinión de algo, procura que no sea de algo excesivamente polémico, pero opina. No tengas miedo, como dijo Nicolas Cage en "el motorista fantasma"- No se puede vivir con miedo.

Ejercicio.

La próxima vez que quedes con una chica desconocida ponte como meta el estar totalmente fluido y desinhibido el ser tú mismo, al ser auténtico, recuérdate que lo único que tienes que hacer en esa interacción es agradarte a ti mismo y disfrutar. No estés pendiente de ella y de sus necesidades, sino pendiente de disfrutar tú. Disfruta y ella disfrutará.

La producción.

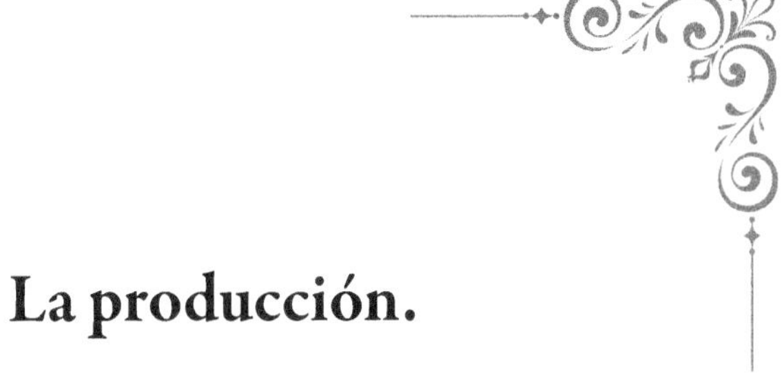

La seducción es como una empresa, debemos de estar pendientes de un parámetro muy importante.

El parámetro más importante es **la producción**. ¿Qué es la producción? La producción es el estar ligando lo más constantemente posible. Chicas que pasen de estar sin ti a estar contigo, estar en activo, y así estando contigo puede disfrutar de los beneficios que las das. La producción es salir a ligar constantemente y efectivamente ligar chicas. Debes de ligarte a muchísimas chicas al ritmo más alto que puedas casi siempre. Así van produciéndose entradas en tu cadena de producción. Algunas además pueden entrar al **círculo de confianza**. Las entradas de chicas al círculo de poder o confianza son el objetivo más importante, pues son chicas que te gusta estar con ellas, por eso las fidelizas y disfrutas de ellas más tiempo.

La producción marcará decisivamente el ritmo de entradas en este círculo. Puedes hacer mucha producción pero luego suceder que pocas sean merecedoras de entrar en este círculo de confianza. En ese caso deberás de hacer una producción más alta, pues pocas de las que ligas son merecedoras de esto. Aquí hay un fallo y es que estás ligando chicas que realmente no te agradan del todo, lo cual es bastante difícil pero podría suceder, entonces la cosa no avanza y no entran en este círculo. Esto es algo bastante normal en gente que está empezando y que ligan a cualquiera sin haber muy buena conexión y sin realmente gustarles la chica del todo, simplemente ligan por ligar. Mucha mejor manera de meter chicas al círculo es conquistarlas con más solidez y que ellas mismas quieran perseverar y permanecer contigo. Así con menos producción conseguirás un ratio mejor de chicas que entran en el círculo entre las que entran en la cadena de producción.

Sí la mayoría de las que ligas entran en el circulo de confianza, entonces tendremos problemas de logística. En este círculo de poder las chicas permanecen algún tiempo, un tiempo muy variable según nos gusten más o menos, o nos den más o menos problemas. Pero no pueden estar tampoco indefinidamente. Así que si, sí van entrando chicas en el circulo debido al alto volumen de producción y o a nuestro fucking power atrayente que las retiene, también deberán salir a un ritmo acorde a las entradas. Si están demasiado en este círculo y no salen, se acumulan demasiadas y esto provocará problemas para poder ver y tener contentas a todas. Entonces debes de aprender otra función que es **gestionar las salidas**.

Como dije muchas veces es de mucho más maestro eliminar que adquirir, Eliminar todas las que den problemas o si no los dan, las que sean menos satisfactorias, estas deben de salir para poder dar entrada a otras que potencialmente puedan ser mejores. A veces te equivocas y eliminas a chicas que estaban mejor que otras que entran, Esto tienes que ir afinándolo bien.

Si se acumulan en exceso en tu círculo de confianza entonces tendrás graves problemas. Deberás de sacrificar, la vida del seductor es sacrificio y a veces en casos de alta producción y poder no puedes atender bien a todas y deberás sacrificar chicas validas. Esto es durísimo pues no lo merecen pero deben de sacrificarse aun siendo buenas, pues tienes un límite de capacidad y si lo alcanzas hay que sacrificar pues no las puedes atender. Es diferente eliminar que es algo natural, que sacrificar.

Entonces aclarando el vocabulario del seductor tenemos las siguientes palabras

Adquirir. Chica nueva que entra en nuestra producción. Puede que no llegue a entrar al círculo de confianza pero al menos la hemos adquirido. Debes conseguir chicas que podrían entrar potencialmente en el círculo de confianza. A una chica nueva que hemos ligado le podemos llamar también adquisición.

Dentro de las adquisiciones hay dos tipos: adquisiciones que entran en la cadena de producción pero que no entran en el círculo de confianza, son las llamadas **adquisiciones fallidas o entradas fallidas,** chicas que fracasaron una vez ligadas. También están las adquisiciones más satisfactorias y solidas que entran en el círculo de poder.

Eliminar. Echar fuera a una chica que sacamos de nuestro circulo e poder, y por lo tanto ya ha rendido, la eliminamos porque aparecen otras mejores. Esta chica es normal, ni bien ni mal. No cuesta mucho dolor porque tampoco le tenemos un gran apego. Forma parte natural del proceso productivo.

Sacrificar. Sacrificar es echar de nuestro círculo una chica buena que merecía estar ahí pero que debido a la atención que debes dedicar a otras aún mejores no la puedes atender bien y la debes dejar. Entró al círculo de confianza y al menos la hemos aprovechado un poco.

Desaprovechar. A veces hay que sacrificar incluso sin haber aprovechado casi nada y sin haber llegado a pertenecer a este círculo de confianza, y eso es muy, muy, duro, pues se desperdicia una chica válida. Suele pasar en épocas de inmensa producción y en las que existen muchas con mujeres de alta calidad dentro del círculo, que no se pueden dejar desatendidas. A esto le llamaré **Desaprovechamientos**.

Desechar. Desechar es no ligarnos a una chica que nos podríamos ligar, pero no lo hacemos porque prevemos los enormes problemas que va a dar en el futuro.

Ya sé que habló aquí como si fuesen mercancías, no es mi intención degradarlas ni nada así, es un modo de explicar cómo funciona la producción. Ya sé que tienen sentimientos, pero tú también los tienes y también sufres, y sientes emociones y sentimientos con todo lo que estás haciendo. Así que aunque hable aquí en plan logístico, todo esto implica emociones y sentimientos que el ángel sex-terminador procura que sean siempre beneficiosos para todos.

A veces hay pequeños dolores que son inevitables como todas las cosas de la vida, pero ya digo que el ángel sex-terminador busca minimizar los daños producidos.

Entradas, entradas al círculo de confort y salidas. Tienes que verificar como van las entradas, cómo va el circulo de confort y cómo van las salidas. La velocidad de rotación de las mujeres que están en tu vida, la duración, las buenas sensaciones que te dan y las das. Hay muchas cosas que hacer y poco tiempo para hacerlas y tenerlas todas controladas.

Esto es como una fábrica, llega la mujer un poco aburrida, entra en la cadena de producción, le haces una transformación, le las buenos momentos, buen sexo y buenas emociones amorosas, no amor, pero si emociones amorosas, que la hacen sentir bien. Y finalmente cuando la chica sale porque hay otras que te gustan más, o porque ya no te hace mucha ilusión, sale más contenta de lo que entró.

Con el proceso de producción le has hecho un bien y la has dejado con más capacidades sexuales, más autoestima que cuando entró, más buenos recuerdos, la haces un bien.

Tu producción además es una producción masiva a escala industrial que va generando mujeres contentas de haber estado contigo. Eso es la producción, trasformar mujeres tristes en mujeres contentas, tras un proceso más o menos corto o largo, abandonadas al final, pero contentas.

Algunas no llegan a entrar al círculo de confianza donde se forma la triada, cuarteto, quinteto, sexteto, o lo que se forme, estas entradas que no cuajan que entran y salen con rapidez son entradas fallidas, que no llegaron a posicionarse y que no son dignas realmente de nuestra atención. Las **entradas o adquisiciones fallidas**. Llamaremos así a las que decepcionan y sacas, o a las que se van solas porque no nos valoraron correctamente. Estas chicas que iban bien y estaban en la cadena de producción acabaron fracasando perdiendo los beneficios que esta conlleva, no supieron valorar bien. Se las elimina o se eliminan solas.

Si una chica nos rechaza y no llega a ser ligada, entonces no se produce una entrada, es ella la que fracasó. No entra en la cadena de producción y no se beneficia de nuestros servicios. Fracasó terriblemente.

Hay entradas y salidas, in and out. Resumiendo.

Las entradas en la cadena de producción son las adquisiciones... chicas besadas, o que se les hace sexo. En las entradas se produce una merma que son las **entradas fallidas**, chicas que decepcionan y no entran en el círculo de poder, estas chicas se convierten en salidas con rapidez y dejan de tener los privilegios y beneficios de estar contigo.

Las Salidas. Pueden ser dos tipos: salidas rápidas de chicas que fueron entradas fallidas y no llegaron a posicionarse y salidas del círculo de confianza o podemos llamarlo también **círculo del poder**, porque nos da poder al estar con varias chicas y tener la necesidad sexual bastante satisfecha.

Otras se salen solas del círculo de poder, en este caso serian **pérdidas**.

Esquemáticamente es así.

Esquemáticamente es así.

Tu Fucking power

Conquista a las chicas Círculo de poder Eliminaciones

Pérdidas

Desechadas Adquisiciones Salidas del circulo Sacrificios

Chicas que fracasaron Entradas

Desaprovechamientos

Entradas fallidas Salidas rápidas

Tu aportación mejoradora

PRODUCCIÓN

Sin ninguna duda las que no llegan al círculo de poder tiene una rotación muchísimo más alta que en las que entra en el círculo del poder por sus buenas cualidades y permanecen ahí un tiempo.

Un seductor a lo que más se tiene que dedicar es a su producción, para ello incrementará su fucking power para conquistar mejor a las chicas. También debes generar un volumen alto de entradas, algunas resultan fallidas, por ello estas tienen una rotación muy alta, con entradas y salidas muy rápidas. Otras entran en el círculo de poder y permanecen en él el tiempo que nos apetezca, hasta que sea imposible mantenerlas por la presión de nuevas entradas mejores y la imposibilidad de atender.

Ser seductor es muy duro. Deberás de desechar algunas, tener muchas mermas de chicas que se adquirieron pero que decepcionaron y se convirtieron en salidas rápidas, también deberás tener la sangre fría para eliminar y más aún para sacrificar chicas válidas, que muchas veces no llegan ni a entrar al círculo del poder y se eliminan sin aprovechar convirtiéndose en desaprovechamientos.

Deberás de **tener pegada** para trasformar las entradas (chicas besadas), en chicas del circulo de poder que quieran estar con nosotros. No hay índice para medir cuantas de las que besas deben de entrar en el circulo de poder, puedes besar a muchas y ninguna ser válida, o besar a pocas y todas ser válidas, depende de la conexión y entendimiento que tengáis

También tienes que tener un índice de profundidad bueno.

Índice de profundidad= Chicas a las que se hace sexo/Chicas besadas=0,5 excelente

0.35 bien,

Menos de 0,35 mal.

El índice de éxito es = nº de chicas a las que besas/ nº de chicas a las que hablas con intención de ligar.

Debes de ligar al menos una de diez, índice 0.1, o 10%, estando muy bien si consigues ligar un ,33 es decir un 33% de las que les entras.

Tampoco se trata de meter a todas las chicas que besas en el círculo de poder, algunas ya directamente sabes que van a tener una rotación rápida y van a ser entradas fallidas que estás deseando de eliminar más que de disfrutar. Otras sí que pueden entrar en el círculo de poder. Generalmente querer meterlas al círculo de poder implica una blandeza pues quieres que perduren. Pero hay algunas magníficas que no dan problemas y están muy bien ahí rindiendo. Las que saben cómo eres e intuyen lo que haces, pero que no les importa demasiado.

Podemos decir que existe una producción lenta que son las chicas que entran en círculo de poder y que permanecer mucho tiempo y salen muy despacio, y una **producción rápida** con muchísima rotación que se compone de entradas fallidas que entran y salen rápidamente, pues no nos entusiasman. Ambas se deben de combinar. A más alocado estés más producción rápida debes de hacer.

La producción lenta da conocimiento de las mujeres y un disfrute pausado, la producción rápida aporta masacres y currículum inmenso y también autoestima y autoconcepto de follador.

Sé un artesano que hace una producción lenta esmerada bella y perfecta, o un productor a escala industrial que apenas tiene tiempo de disfrutar sus productos, debido a la elevadísima rotación; en ambos casos disfruta y sé feliz.

Liberación.

No puedes sentirte culpable por ser lo que eres.

Muchos seductores practican la seducción, pero luego por culpa de toda la presión social que te dirige hacia la formalidad, se sienten un poco culpables y creen que están haciendo algo malo, o que ellos son malos por hacer lo que hacen.

Tienes que liberarte y hacer aquello que te hace ilusión, que te hace vivir, aquello que disfrutas enormemente. ¡Pues claro que sí! ¿Por qué tiene que ser todo el mundo igual? ¿Por qué todo el mundo tiene que estar formando familias y cuidando hijos?

Si tú has sacrificado eso, has renunciado a eso y estás en tu derecho de disfrutar no sólo el seducir, sino también cambiar de chica con frecuencia y vivir así alegremente. Estás haciendo un bien también, pues estás dando alegría, diversión, y magnífico sexo, a esas chicas que saben lo que tienen. Ya se buscarán un marido cuando tengan ganas de ello, pero no serás tú afortunadamente.

Así que nunca te sientas culpable por ser lo que eres, más bien siéntete muy orgulloso de estar haciendo algo que nadie se atreve hacer y a lo que todos le tienen miedo. Si esos otros creyeran en sí mismos como crees tú, ellos harían lo mismo y no tendrían tantas novias ni mujeres y se dedicarían también a la seducción. Así que siéntete bien e incluso siéntete superior, porque eres superior, porque formar una familia lo puede hacer cualquiera que le ponga voluntad en formalizar, pero seducir no cualquiera puede.

¿Acaso el lobo se arrepiente cuando muerde a la oveja? ¿Acaso el tigre está triste cuando caza el ciervo? Están contentos y felices. Tú debes de concienciarte de cuál es tu naturaleza y sentirte orgulloso de ser lo que eres. Eres el depredador, el cazador que no se conforma con una vida monótona y tranquila. Rehuyes lo estable, rehuyes el confort y amas la acción y la superación.

Eres el seductor, estate siempre súper orgulloso de ello.

Yo soy John Danen, el sexductor, el ex ángel sex-terminador.

Con voz de trueno resonarán estas palabras en el aire.

A lo largo de las décadas vas haciendo tu producción, a veces en masa, a veces poco a poco con atascamientos y momentos difíciles. Siempre continúa la producción, siempre se renueva, pues esto no es algo que se pueda escoger o rechazar, lo escogen ellas por ti debido a tus buenas cualidades. Tú no puedes rechazar una mujer guapa que te abre las piernas. Estás condenado y realmente debes de acatar lo que quieren. Una condena deliciosa. Tú fomentas la seducción pero ellas realmente quieren lo que ofreces.

Todos se ofrecen, la diferencia entre un sexductor y un tío normal es que el sexductor intenta y consigue mucho, mientras que el normal se frustra, pues no consigue una puta mierda.

Esto es algo que programaste tanto, que forma parte de ti, forma parte de tu vida, y no se puede dejar de ninguna manera. Así van pasando los años, aumentando cada vez más tu sabiduría. En algún momento alguna chica te atrapa un poco, pero mantienes tu producción en índices moderados. Siempre sabes que puedes hacer muchísimo más y de hecho quedas muchos años nadando entre dos aguas, entre andar con alguna más formal y seguir ligando por ahí. Por ello no se hace una producción más monstruosa todavía, aun así se hace una producción enorme. No a la velocidad de cuando estás totalmente libre, pero sí a una buena velocidad.

Poco a poco el mercado se va restringiendo y habiendo menos mujeres aptas cercanas a tu edad, ello hace que te esfuerces menos aún, pues hay pocos premios que obtener, pero alguno queda y como no lo puedes dejar sigues y sigues. Entonces llega un momento en el que no te preocupas demasiado de producir en masa, sino más bien de disfrutar, de estar bien, de vivir sin esforzarte demasiado, ysi produces poco pues no te martirizas por ello. Pero esto en verdad no es algo que satisfaga, simplemente es soportable. Dónde estás a gusto de verdad es produciendo una producción en masa.

En los días en los que te liberas de tus ataduras, sueltas toda la rabia acumulada y haces una pequeña masacre muy concentrada. A veces la producción de todo un año sale en apenas un mes de auténtica locura. El ángel sex-terminador podría ligar muchísimo más, pero piensa que no compensan los esfuerzos que tiene que hacer por el escaso botín que puede obtener. Un botín de mujeres más mayores y también más pesadas y exigentes.

Por eso, porque está por encima del bien y el mal, el ángel sex terminador se acaba cansando de serlo. **Llega un día en el que te hierve la sangre** y vuelves a ser tú, tu yo verdadero sin límites. Dejas de ser un ángel sex terminador y vuelves a ser un sexductor libre que hace su producción en masa en la medida que le permite su físico y edad. Haces una excelente producción infinitamente superior a todos los de tu edad, sabes más que nunca y haces auténticas masacres bien pasados los 50 y 60.

Así que esto va por ciclos, ciclos de mayor tranquilidad y ciclos de alta producción. La vida es larga y al final en el día de tu muerte habrás hecho una producción brutal. Ese día termina tu carrera de follador.

Van pasando las décadas y vuelves a sitios donde ligaste hace 20 o 30 años, a veces incluso acercándose a 40 años atrás y piensas ¿dónde están esas mujeres que me ligué aquí?

A veces por un casual te fijas en una y le notas algo especial, pues tiene algo que te atrae de ella. Me ha pasado encontrarme mujeres que ni reconozco, pero en las que me fijo por algo, y luego pensando sobre ello me doy cuenta de que fueron mujeres con las que me acosté décadas atrás. Tienen algo especial que al verlas te hace recordar cómo eran cuando estuviste con ellas. Bastantes están mal, pero la mayoría están de puta madre, se conservan más atractivas que cuando eran jóvenes proporcionalmente.

Larga es la vida del follador y enorme su producción. Y así alegre y despreocupado, con épocas en que te desmelenas y vuelves a ser un auténtico depredador que seduce en masa como si tuvieras 23 años, y otras en las que estás más tranquilito, pasa la vida y haces tu leyenda. Esto quedará en el recuerdo, la producción que hiciste, los momentos vividos, los goces sentidos, esto nadie te lo quitará y ni siquiera la muerte podrá borrarlo, pues quedarán guardados para siempre de algún modo místico en algún lugar de almacenamiento de datos. En mi caso no hará falta, pues quedarán en los libros que inspiraran a otros a seguir mi camino.

No soy el que liga más, ni el que folla más, ni el que liga con más facilidad, no soy el más en nada, tristemente tampoco soy el que más me dedico. Lo único que soy es alguien al que de verdad le importa seducir mujeres y esto me motiva y da inmensa satisfacción. Vivo para esto. Es lo único que de verdad hago, vivir para esto.

Continuó mi producción, una producción que este año hace el número 40, cuatro décadas enteras, dedicado desde 1983. Parece como una empresa fundada en 1983, y piensas ¡caray tiene solera!. Ja, ja. Poco después de nacer con 13 años empecé mi producción. Dos siglos de producción, ¡hombre no tanto! pero una producción repartida en dos siglos, eso sí que es verdad. Y así cual vampiro al que le gusta salir por la noche continúo mi tarea, aportando alegría, aportando felicidad, polvo a polvo, beso a beso, masacre a masacre, acrecentando la leyenda.

Soy John "fucking" Danen, un Sexductor, un servidor de ellas. Un verdadero feminista, ¿qué mayor feminista que un hombre que hace el amor a las mujeres? Me dedico a lo único que me importa, la producción. Seré inmortal a través de los libros. Y tú sabrás que existí, recibirás la influencia de mis palabras y también te convertirás en un sexductor, un vampiro, un productor artesanal que mima su trabajo y que a la vez es capaz de hacer una producción masiva.

Como dijimos hace décadas el francés y yo

"Aquí estamos y nunca pararemos"

¿Quién coño quiere ser formal pudiendo vivir una vida de puta madre seduciendo mujeres?

He escrito muchísimo sobre esto, pero de verdad **no tengo palabras** para describir la inmensa satisfacción que tienes cuando estas seduciendo, cuando vas de mujer en mujer, de cama en cama, cuando ellas te adoran, cuando eres lo más. Hay que vivirlo. Todos los esfuerzos y sacrificios que hagas te serán devueltos con enorme generosidad. Llegarás a momentos de éxtasis de poder, de sentirte el amo, el puto amo, de envidiarte a ti mismo y de gustarte tanto ser tú, que de verdad te amarás totalmente.

Y no, esto no termina mal como les gustaría a los envidiosos, habrás vivido de verdad.

Vale más un solo día de un sexductor en el pico de su poder, que toda la vida de un hombre formal.

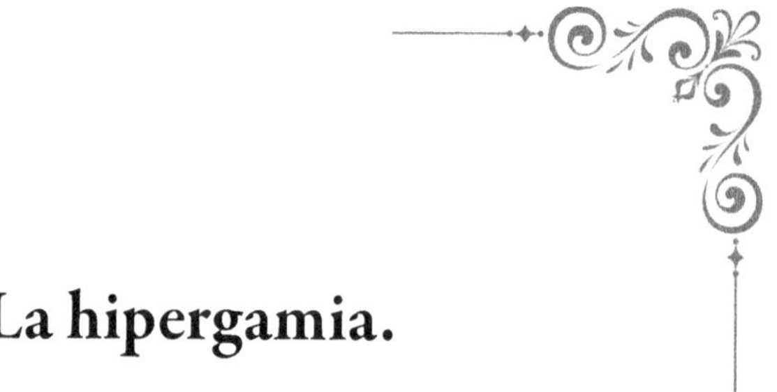

La hipergamia.

La hipergamia es la característica que poseen casi todas las mujeres que les induce a vincularse a hombres de mayor posición social que ellas.

Tener confianza en ti mismo es lo más importante y si no la tienes quedas totalmente excluido del juego, pero aparte de la confianza este es un factor muy importante, pues pese a tener gran confianza puede excluirte el que no estés en su mismo estatus social.

Yo siempre he estado trabajando duramente, esforzándome para ligar a las chicas, nunca me he preocupado de qué clase social tenían, simplemente me fijaba en que estuvieran bien; dándome igual si eran limpiadoras de casa, o marquesas.

Marquesas no me he ligado así que mejor quito eso. Pues bien mientras yo me esforzaba y las chicas no me venían fácilmente, observé que otros hombres simplemente estando ahí sin hacer nada y sin ser más guapos, ni más atractivos, ni tener ninguna ventaja, obtenían chicas mejores que yo, además sin hacer mucho esfuerzo.

Esto lo decodifiqué y me di cuenta que era debido al estatus social de estos hombres.

Un tipo con dinero tiene enormes ventajas, pero enormes. Vamos a analizar todas las ventajas que tiene.

Puede ir a sitios mejores, como pubs más caros, puede pedirse bebidas mejores que dejan menos resaca, que están más buenas y que te dan un punto mejor. Puede viajar más, puede viajar a lugares más caros, alojarse en hoteles mejores, comer en restaurantes mejores. También viajará más rápido o más cómodo, o ambas cosas, en primera clase o en un lujoso Mercedes. Todo serán comodidades y privilegios, eso sí, a costa de derrochar una enorme cantidad de dinero. Esta vida cómoda y bonita es lo que ellas quieren y lo escogen muchas veces no por lo que es, sino por lo que puede hacerlas vivir. Quizás no le va a dar unas emociones tan locas y divertidas como el sexductor, pero eso sí les va a dar unos besos muy caros, en lugares como Roma, París, Nueva York, Bali, Tahiti, Bora Bora, Estambul.

El rico podrá también vestir ropas mejores y más caras que se supone que tienen más calidad. Es una falacia que tengan más calidad, lo que tienen es la marca distintiva que las separa del resto, el logotipo de la empresa que fabrica esa prenda que es una auténtica estafa, y ni tiene más calidad, ni es mejor que otras; pero tiene la imagen, la imagen de ese logotipo que es lo que diferencia al rico del pobre.

Puede que el pobre vaya vestido más cómodo y con más calidad, pero no gozará del logotipo de riqueza que lleva la marca.

El rico podrá llevar un coche mejor, más caro, más nuevo, más tecnológico. Podrá viajar casi continuamente, pues muchos ricos no tienen ni que trabajar, esta es otra ventaja enorme, pues tienen dinero y también tiempo. Ya trabajan sus empleados para ellos. Así tienen un montón de ocio algunos de ellos y pueden estar por ahí siempre de ocio y de fiesta.

Esto las chicas lo ven y se dan cuenta y automáticamente por su ropa y por el porte y ademanes de persona fina que no ha trabajado demasiado, persona que se ha perfeccionado y centrado más en la elegancia y en la finura es enseguida detectado. Detectado y altísimamente valorado por las mujeres.

También tienen la ventaja de que pueden hacerse operaciones que les mejoran el físico, arreglan la nariz y la barriga, van a gimnasios, tienen entrenadores personales, dietistas, ¡en fin! ventajas también en el físico.

Creo que una de las cosas que más los distingue es que pueden ir a sitios exclusivos, ultra caros, sitios que solamente se pueden permitir los ricos. Allí ellas encuentran con facilidad a estos hombres. Toman botellas de champagne de 300 € o de 1000 tan felizmente.

Ellas piensan que estos hombres les pueden dar una vida cómoda de lujos sin trabajar en su puta vida. A igualdad de belleza para estas mujeres sin ninguna duda es preferible el rico, e incluso siendo muchísimo más feo, puede ser preferible por esta vida de lujos que las puede ofrecer.

El follador de Valencia y el mismísimo francés tienen dinero, eso lo ven las mujeres y les reporta también enorme ventaja respecto al resto.

Hay también un grupo de mujeres inaccesibles completamente para cualquier seductor. A este seductor solamente le reconocerán su atractivo y belleza, dirán que está fenomenal y que es un hombre muy atractivo; pero jamás irán con él por esa falta de dinero que es lo que ellas más valoran.

En mi trabajo tenía una jefa muy elitista por así decir, que se codeaba con mujeres de este estilo, interesadas en millonarios y en trabajar lo mínimo de lo mínimo. Su vía para subir en la sociedad era casarse con ellos para amarrar bien todos sus bienes. Vivir la vida de lujos que por sí mismas no podían obtener. Una de las amigas de mi jefa era una chica especialmente guapa y atractiva que estaba buenísima; encima era muy simpática, la verdad era una mujer prácticamente perfecta, alta, guapa, simpática, todo lo que dije antes. Esta mujer que reconoció mis atributos y mi capacidad de seducción jamás se mostró interesada en nada amoroso conmigo, sino que se dedicó a salir con millonarios que tenían Porsches caros, empresas grandes, o ya directamente con gente de la nobleza. Finalmente acabó casada con un conde, o duque, no me acuerdo. Eso sí, de inmensas propiedades y una vida súper cómoda de multimillonario. Un día le dije a esta mujer ya que ella no me hacía el caso suficiente, ¿por qué no me presentaba alguna amiga suya? y ella me dijo textualmente -Tú estás muy bien John, pero **te falta billetera**. Ellas no quieren ir con tíos como tú-.

Esto que estoy contando es la hipergamia en su máxima crudeza, la única manera de seducir a estas mujeres es teniendo dinero y haciendo un uso generoso de él.

Las mejores mujeres, las más guapas, las más atractivas, van casi siempre con millonarios y sólo miran eso, la riqueza, siéndoles molesto que un hombre bien vaya a sacarlas de sus esquemas mentales y que puedan sentirse atraídas por el siendo pobre. Esto las enfada muchísimo, y bien pronto si han tenido alguna aventura con él, lo eliminan y vuelven con su millonario. Eso si consigue ligarlas.

Si ser millonario es una ventaja, si encima eres millonario y guaperas, entonces es una ventaja infinita que produce un poder altísimo.

Si eres millonario guaperas y seductor harás records mundiales de seducción y será para ti el ligar como ir a pedir una cerveza, una cosa que no reviste ninguna dificultad. Ninguna mujer interesada que este en sus cabales podrá resistirse.

¿Qué puede hacer el sexductor ante este panorama? Lo más sensato es renunciar a todas estas mujeres y centrarse en mujeres de calidad semejante, pero desinteresadas de lo material. Las otras no van a perdonar jamás el que no seas rico. El amor para ellas no existe, ni la atracción, y si algún día se lían con un guaperas pobre como un modelo o algo así, pronto lo abandonan avergonzadas, y vuelven con su rico papito que las da los lujos y riquezas.

Es muy difícil fingir ser millonario, si mantienes un frente fuerte por ejemplo la vestimenta, no tendrás dinero para los otros frentes que son los viajes, los hoteles, las comidas, los coches, las casas, ¡en fin que te descubrirán!

Frente a esto, o renuncias a ellas, o sé tú realmente rico, o le importa que una puta mierda toda esta mierda y te centras en tus buenas mujeres que sí te valoran por ti mismo y no por tus posesiones.

Luego dicen que las mujeres son buenas y elogiables, pues bien esto no sucede con los hombres excepto rarísimas ocasiones, y encima es súper mal visto que haya hombres interesados en quitar dinero a las mujeres.

Sin embargo está súper bien visto que ellas si lo hagan, más machismo caduco.

En definitiva que no te importe una puta mierda pues estás perdiéndote solamente mujeres malísimas, superficiales, interesadas, que no te aman, y que no te vale la pena conocer ni ligar, pues además de todo el dinero que te van a sacar, no te darán más que disgustos y un amor falso, que tan pronto como no le costees sus caprichos desaparecerá por completo. Son novias de pago. Hay amor si hay dinero.

El ave fénix.

El sexductor siempre resurge, como todo el mundo tienes malos momentos y puedes tener crisis bastante grandes, pero eres el sexductor y tienes la consciencia de serlo, por ello siempre vuelves triunfante al mercado. Es todo una cuestión mental, puedes tener crisis con dieciocho años con 25 con 30 con 40 con 60 y puede que tú mejor momento sea a los 75 años. No depende más que de tu mente, de tu seguridad y confianza. No es ser o no ser nada, es como te sientes contigo mismo. **En cuando te gustas tú, empiezas a gustarlas a ellas.**

Así a los dieciocho años estaba en auge y a los diecinueve retirado con una novia, a los 22 resurgí y a los 25 o me volví a hundir, a los 26 volví a resurgir y anduve fuerte hasta los 44 años. Hubo otra crisis y volví a resurgir, hubo otra más sobre los 52 y resurgí de nuevo.

Nada ni nadie puede parar tu poderío, en cuanto restableces tu cabeza, te consciencias de tu fucking power, y te vuelves a sentir atractivo, te vuelves a dedicar mucho más, te vuelves a motivar, y vuelves a arrasar en el mercado.

Hermes Gasparini.

Soy aficionado al deporte de lucha de brazos y sigo a bastantes personajes como Devon Larrat o John Brzenk. Ahora ha parecido uno nuevo llamado Hermes Gasparini que es actualmente el número dos del mundo y solamente es derrotado por Levan Saginashvili.

Este hombre Levan es un auténtico monstruo un gigante con unos brazos y cuerpo monstruosos y pesa casi 200 kilos. Es grandote pero parece muy buen hombre, no hay quien le gane. Hermes Gasparini lo enfrenta y lo pone en aprietos y es de los pocos en del mundo que pueden hacerlo.

Pues bien, nosotros somos como este hombre Gasparini, un hombre de apariencia casi normal, se le ve muy fuerte, pero no es ningún monstruo, es un tipo hasta atractivo, un tipo normal que se ha ido musculando, un tipo que puede ligar perfectamente, un tipo que parece casi un hombre normal pero que es capaz de plantar cara al número uno del mundo y que normalmente gana a todos los demás.

Nosotros somos como este hombre, pues no somos los más altos, ni los más guapos, ni los más fuertes, ni los más inteligentes, ni los más atractivos, ni los más seguros, ni los más divertidos. No somos los mejores en nada, pero tenemos una combinación de cualidades que nos hacen ser súper competitivos, y sin ser lo más en nada, ni siquiera en la dedicación que requiere este juego, vencemos prácticamente a todos; eso es ser un sexductor. Un hombre con apariencia normal, fuerte en todos los campos, pero que no llega a ser el mejor en ninguno y que vence a todos casi siempre. Los seductores hacemos más con menos, llegamos muchísimo más alto de lo que se pueden imaginar.

Aplicamos una fuerza a la seducción que la podremos comparar con una prensa hidráulica. Una fuerza que no cesa. Una fuerza cada vez mayor que aplasta totalmente la resistencia de las chicas.

Juego trucado.

Muchas veces las chicas interactúan con nosotros, pero no lo hacen porque se sientan atraídas por nosotros, sino por algún interés oculto. Este interés puede ser muchas veces sacar algún beneficio, como una invitación a una copa o cerveza. La mayoría de las veces lo hacen para pavonearse y dar celos a otros que sí son objeto de su interés. A esto le he llamado "juego trucado".

En cuanto detectes el juego trucado no permitas que siga haciéndolo, dile que sabes lo que hace, que te está utilizando, que no eres tonto y que te das cuenta de sus artimañas. Hazte respetar y no le sigas su juego trucado. No le digas nada relativo a enrollarte con ella, ni intentes ligártela. No le des ese gusto. Tienen todo lo que quieren cuando quieren, incluso le sobra, no les sumamos más el ego, identifica su juego trucado y páralo de raíz.

Sabrás y hay un juego trucado cuando está contigo pero está constantemente mirando hacia otra persona, o si mantiene una actitud fría y distante, más preocupada de que la vean con un tipo atractivo como tú, que de lo que estás contando, o lo que está sucediendo entre los dos. Son artimañas femeninas que por supuesto no debemos tolerar.

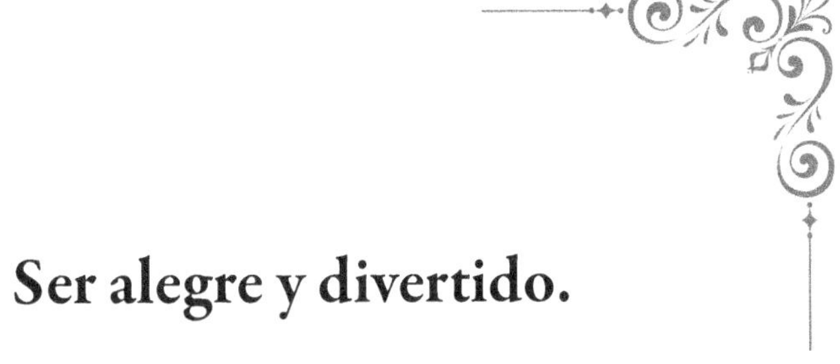

Ser alegre y divertido.

El salir de fiesta ha de ser tu religión. Aprovecha cualquier ocasión para salir, incluso días en los que no hay mucho ambiente son apropiados para pasártelo bien pues es más fácil establecer contacto. La fiesta es la vida.

Tenemos que desterrar totalmente de nuestra personalidad la apatía el aburrimiento o la monotonía. Tenemos que ser auténticos forofos de la fiesta y llevar nosotros mismos nuestra propia fiesta a todas partes. Por donde pasemos dejamos huella, podemos ir cantando por la calle, silbando, saludando a gente que no conocemos, mostrando al mundo que somos felices y nos va todo de puta madre.

El estado natural del sexductor es la euforia. Euforia porque tienes la vida que quieres tener, porque haces lo que te gusta, porque disfrutas inmensamente lo que haces, porque tienes enormes beneficios derivados de este estilo de vida, como chicas guapas que besas, chicas guapas que te acuestas con ellas, alegrías, besos cariños etc.. Lo que más te gusta de tu vida es la alegría, la alegría de ser así, la alegría de pasarlo bien saliendo por ahí de fiesta más a menudo de lo que deberías.

Ellas detectan esta alegría y les encanta pues la vida de la gente es bastante aburrida y monótona. Si tú las haces reír, les aportas alegría y lo pasan fenomenal contigo, les cuentas historias graciosas, eres desinhibido y divertido, querrán estar contigo, porque a todo el mundo le gusta pasárselo bien. También querrán venir contigo amigos entusiasmados con tu arrolladora personalidad. Pon música escúchala bien alta y vive cada día como si fuese una puta fiesta. Deja que los demás estén preocupados y agobiados, eso no es para ti, siempre optimista siempre activo, siempre con nuevos proyectos ilusionantes. Tú aportas tu aportación que es la alegría y la diversión. La alegría y la diversión son tu religión y las practicas constantemente.

¡Fuera miedos! ¡Fuera inseguridades! ¡Fuera los ¿qué dirán?! Haces lo que te da la gana cuando te da la gana, ríes a carcajadas, silbas cantas y bailas por la calle, disfrutas tu fiesta, nada te puede quitar tu fiesta, tu fiesta está en tu mente.

Los últimos hombres seduciendo en el final de los días, una vez más.

Sí, había un ángel sex-terminador que ya no lo es y se convierte en un sexductor. Aquí y ahora estoy escribiendo este libro para ti, era un ángel que vivió infinitas aventuras, decodifiqué a las mujeres en todos los sentidos, e hice todo lo imaginable. Todo ello lo escribí en todos los libros.

Todo ha sido dicho, todo ha sido escrito, todo está hecho.

Lo único que tienes que hacer es leer todos y cada uno de los libros anteriores y formarte para ser esa versión excelente de ti mismo y así arrasar en el mercado. Después disfruta la maravilla que es ser un sexductor que liga más chicas de las que puede atender.

Poco a poco irás subiendo nivel y llegarás arriba, caerás y te volverás a levantar, y te alzarás de nuevo yéndosete la cabeza de tantos éxitos, y así indefinidamente,

Al final si de verdad has renunciado a los convencionalismos en mayor o menor medida, vivirás una vida de puta madre disfrutando de chicas a lo largo de toda tu vida. Si quieres pues te echas una novia cuando tú quieras, haces lo que te da la gana, siempre volviendo al mercado a disfrutar tus enormes capacidades.

Como ex ángel sex-terminador te digo que no quieras ser un ángel sex-terminador, estate en el juego y disfruta totalmente de ello.

Las mejores aventuras están por venir.

Las mejores mujeres aún no llegaron.

El mayor poder todavía no se alcanzó.

Estamos siempre en proceso de construcción y nunca está terminada nuestra obra, pero casi siempre estamos competitivos excepto en momentos de crisis y descansos de tanto ajetreo.

Nuestro medio natural es el pub y la discoteca donde se produce en ligoteo.

Somos los últimos hombres seduciendo en el final de los días, y después del final de los días pasando pandemias y mierdas, los últimos hombres seguimos seduciendo después del final de los días como supervivientes de todo.

Aquí estamos y nunca pararemos.

Estate atento pues mi próximo libro "El detector" te va a dar las claves para que interpretes visualmente su lenguaje corporal.

Todo ha sido dicho, todo ha sido escrito, todo está hecho. Ja, ja, ja nunca está todo dicho ni hecho, la producción debe de continuar, Show must go on.

Continuaré haciendo libros siempre que vea algo que puedo mejorar todo lo contado. La producción en este campo ha sido monstruosa y ahora me voy a dedicar un tiempo a hacer lo que más me gusta, a la verdadera producción, a mi yo verdadero. Han sido tres años escribiendo muchísimo, hora de jugar, hora de, hora de....

¡Seducir a las chicas guapas!

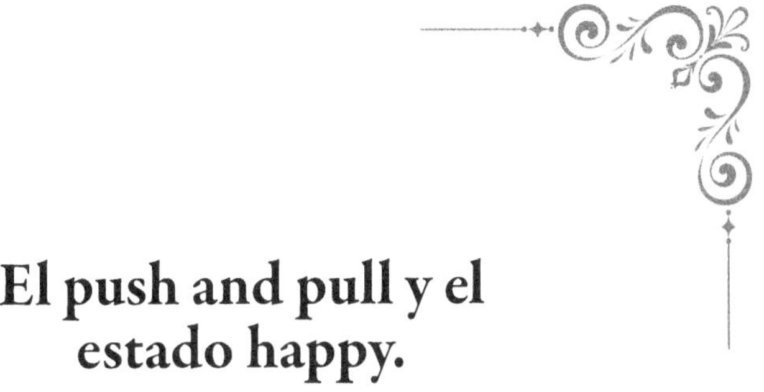

El push and pull y el estado happy.

Quizás una de las cosas más importantes de toda la seducción es tu estado mental interior. Cuando te sientes entusiasmado confiado y seguro, cuando estás deseoso de establecer contacto con las chicas, cuando no las rehuyes, cuando fomentas la interacción, cuando disfrutas el entrarlas, esto es una magnífica señal de que estás en un estado óptimo para seducirlas. Vas despreocupado, desinhibido, y divertido las tres des más poderosas, acompañas con un poco de confort y complicidad, estás haciendo pequeñas bromas, jugando con ellas, usando el tira y afloja, mostrando un interés muy claro y luego retirándoselo diciendo que todo es una broma, haciéndolas sentir emociones y luego negándoselas, en ese estado divertido, despreocupado de todo, en el que tonteas con ellas pero después dices que es todo mentira y que estás realmente de cachondeo con ellas; muestras que tienes todas las armas para seducir y a ellas les gusta. Vale esto esta bien si se hace este tira y afloja, el pull and push, en ingles de un modo ocasional y moderado. Eso es de maestro.

Sigues jugando metiéndote con ellas, haciendo más bromas, lanzándoles indirectas, siendo descarado mezclando todo ello con el humor.

Eso, que juegas con ellas, que muestras un interés amoroso sexual y luego se lo vuelves a retirar, que las desconciertas, que vas desde lo alto, de la superioridad del tío sobrado de mujeres, que juega con una mujer porque la ve como una niña pequeña, como alguien que tiene algunas buenas cualidades pero que que no es de su interés, así las vuelves locas. Ojo como dije antes moderadamente todo.

Esto del push and pull solo lo puedes hacer si eres un cretino cuando no te gusta nada y no te importa nada una chica y asi la torturas un poco. Sin embargo debes de hacerlo cuando si te gusta de verdad en modo light. A veces alguno se excede en las bromas y es un poco cansino y pesado, pero si lo haces lo justo tendrá efectividad.

Importante.

A mí no me gusta abusar de este método del push and Pull, pues me parece que las rebajas e incluso humillas un poco con tanta broma y tanta superioridad. Me resulta muchas veces arrogante y desagradable el que lo hace, por eso esta técnica no la uso demasiado, porque me parece desagradable hacia ellas y excesivamente desvalorizadora. Hay que hacerla en una pequeña medida a veces, no estar todo el puto rato minusvalorarlas. A mí el que la practica me parece que está muy interesado en ella queriendo aparentar indiferencia y no me cae nada bien.

Se liga, se las valora poco, pero estar todo el puto rato jugado, haciendo bromas, desvalorizándolas sin parar, me parece de imbéciles. Imbéciles que resultan cansinos, desagradables y gilipollas. Estos practicantes van por ahí de sobrados jactándose de sus chulerías y lo que me trasmiten es justo lo contrario, los veo babosos, muertos de hambre, dependientes y súpernecesitados. Son siempre muy afectados por ellas, se ven muy necesitados pues están todo el rato flirteando y haciendo insinuaciones y son excesivamente artificiales.

Van creyéndose superiores, queriendo ligar delante de ti, y eso es lo que quieren, que te sientas tímido y tonto a su lado porque no haces todas sus babosadas, todos sus desprecios y bromas pesadas a las chicas.

A alguna con baja autoestima ligan, pero no me caen bien, ni me gustan, pues el minusvalorarlas continuamente me resulta desagradable. Hay que ser divertido a veces hacer un mínimo de esto en momentos de chulería, pero no abusar.

Este método falla pues aquí no hay conexión, no hay confort, ni complicidad y si la atraes suficiente con el pull and push falta algo, falta el que realmente te sientas conectado con ella, que algo de ella te guste, y que algo la valores. Poco pero algo.

El despreciador graciosillo es un patán, que va de ligón y que liga aparentemente, pero que no profundiza en demasía y que la verdad cae mal a la gente con tanta arrogancia y absurda broma. No hace falta ser tan imbécil.

Mostrar interés y luego retirárselo en plan broma, jugando con ellas desde lo alto, está bien, pero no seas cansino y bases todo en eso.

Basta con estar en lo que he llamado "el estado happy". Este estado happy es un estado mental en el que te encuentras divertido, alegre y despreocupado, Pero también conectas y creas un vínculo agradable.

Jugueteas con ellas un poco a veces, no les tienen ningún miedo. Si juegas con las chicas y les dices cosas graciosas tendrás un buen poder y atraerás.

Usa a veces en ocasiones de gran conexión y complicidad con ella un poco del p pull and push, sin abusar, sin estar una hora haciéndote el chulo y ridiculizándola.

He incidido demasiado en la dureza y es muy importante que te centres en alcanzar este estado happy usando el método jd. Es necesario que no sólo las entres con facilidad, sino que disfrutes muchísimo entrándolas, tontees con ellas con el push and pull muy moderadamente, que hagas insinuaciones jugando y luego les retires tu interés.

Estate en estado happy usa pull and push lo mínimo, desinhíbete, fluye no les tengas miedo, diviértete, lleva tu puta fiesta dentro y trasmítesela en directo. Tienes que buscar más la diversión que ligar, el pasarlo bien, el reír, el que se rían, crea atracción y pero **no te olvides de crear la conexión** entre los dos, ella también tiene que estar a gusto y cómoda contigo. Tiene que verte un pequeño lado bueno, sentir una conexión contigo, sentir que te preocupas un poco de ella y que bajo la apariencia de un tio seguro hay una buena persona.

El pull and push en su estado más radical lo emplean tipos que van de arrogantes, que se creen mejores que el resto, que caen mal a la gente, que si ligan a alguna es porque no tiene autoestima y que son tipos que de verdad no son buenas personas ni aportan nada bueno la seducción. Se crea atracción pero no conexión.

Un sexductor aunque sea cabrón, aunque sea sinvergüenza, aunque sea pícaro y aunque se crea mejor que ellas, tiene una parte buena interior que ellas también vislumbran a veces y que crea la suficiente vinculación y el suficiente confort para que ellas te valoren bien valorado.

Se puede ser duro y se puede castigar muy duro, pero de verdad no me caen bien los graciosillos bromistas con sus constantes desprecios a las chicas. El pull and Push como única arma de seducción que lo emplee el imbécil del pueblo, un imbécil que por ligarse a seis se cree que ha hecho mucho en la seducción y que un verdadero sexductor retira de mercado bien rápido, pues a esa que tanto estuvo dando el coñazo con sus imbecilidades para no hacer nada, el sexductor seduce haciendo la cuarta parte de su esfuerzo.

.

Consejos finales.

El ángel sex-terminador es un estado muy de loco, hay que luchar, no acomodarse. si quieres llegar alto en la seducción te doy unos consejos finales para que puedas lograrlo.

- No te desanimes, esto es muy duro y debes de asumirlo.
- Estate dispuesto a sacrificarlo todo por la seducción.
- Estudia el método JD y lee todos mis libros.
- Aprende a relacionarte con ellas correctamente una vez ligadas.
- Ponle ilusión.
- Ponle enorme dedicación y practica.
- Ten paciencia.
- Disfruta de todo, de la interacción, del aprendizaje, del fracaso y de la victoria.
- Visualízate obteniendo tus éxitos.
- Estate orgulloso de ser un hombre.
- Estate orgulloso de hacer lo que haces.
- Una vez ligada no ablandes mas que lo justo y necesario.
- Persevera y supéralo todo, las crisis, las novias, los fracasos.
- Conciénciate que pese a ser dura esta es la mejor vida del mundo.
- El éxito depende exclusivamente de ti pues puedes cambiar todas tus circunstancias.
- Arriesga más.
- Comienza hoy mismo.
- Celebra tus éxitos.

- Valórate más alto que ellas.
- Cuida tu físico e imagen.
- Trabaja en tu autoconcepto de quien quieres ser.
- Sígueme en las redes sociales.

¡A jugar!

Don't miss out!

Visit the website below and you can sign up to receive emails whenever John Danen publishes a new book. There's no charge and no obligation.

https://books2read.com/r/B-A-FUKJ-QNIJC

BOOKS 2 READ

Connecting independent readers to independent writers.

Did you love *El ángel Sex-terminador*? Then you should read *Como materializar lo que deseas con el fxxxxxx power*[1] by John Danen!

Hay un poder infinito en ti para materializar aquello que más deseas. La seducción se junta con la ley de la atracción y surge este libro, un libro donde se explica paso a paso como activar y manifestar este poder, el fxxxxxx power.

---

1. https://books2read.com/u/bopRk1

2. https://books2read.com/u/bopRk1

Also by John Danen

Seduction 5.0
S.A.X.
Chicas complicadas
Seducción 5.0
El libro del tonto
Macho Alpha
Macho alpha extracto
La seducción después de la pandemia
Terriblemente atractivo
Seducción 5.1
Sedução 5.1
How to be Cool and Attractive
Sedução. Avançada. X.
Garotas complicadas
¡Basta de ser buen chico! Sé un chico malo.
El método JD. El método de seducción de John Danen
El arte de agradarte a ti mismo
¡Basta ya de abusos! ¡Defiéndete!
Enought with the abuse! Defend yourself!
Máster en seducción
Las mujeres. El amor. Y el sexo.
Supera la dependencia emocional
Atrae mujeres con masculinidad
JD Absoluta seducción
El fracaso del amor

Entender a las mujeres
La vida del seductor sinvergüenza y encantador.
El arte de la dureza
Terrivelmente atraente
Deixe de ser um bom da fita! Seja um mauzão.
Superar a dependência emocional
A arte de se agradar
Pare o abuso! Defenda-se!
O fracasso do amor.
O método JD
Don´t Be a Good Boy! Be a Badass
Complicated girls
The Art of Pleasing Yourself
Duro y Sinvergüenza
Mestre en sedução
JD Method
The Failure of Love. The Trap of Serious Relationships
Master in Seduction
A. S. X. Advanced. Seduction. X
Women. Love. Sex
How to Become a Real Man. Be an Alpha Male
Attract Women with Masculinity
JD Absolut Seductión
Understanding Women
The Life of the Shameless and Charming Seducer.
The Art of Toughness
Tough and Shameless
Überwindung der Emotionalen Abhängigkeit
Maître en séduction
Schrecklich Attraktiv
Surmonter la Dépendance Émotionnelle
L'art de la dureté
Die Kunst der Zähigkeit

Hör auf, ein guter Junge zu sein, sei ein böser Junge
Assez D'être un Bon Garçon ! Sois un Mauvais Garçon.
Die Kunst, sich Selbst zu Gefallen
Dur et sans Vergogne
Hart im Nehmen und Schamlos
L'art de se Plaire à soi-Même
Das Scheitern der Liebe
L'échec de L'amour.
Meister der Verführung
Die JD-Methode
Maestro di Seduzione
Terriblement Attrayant
La Méthode JD
Capire le donne
Compreendendo as Mulheres
Comprendre les Femmes
Die Frauen Verstehen
Les Filles Compliquées
Komplizierte Mädchen
JD Séduction Absolue
La Vie du Séducteur Charmant et sans Vergogne
Les Femmes. L'amour. Et le Sexe.
Mâle Alpha
S.A.X.
V.F.X.
Donne. Amore. E il sesso.
Ragazze Complicate
Superare la Dipendenza Emotiva
Seduzione. Avanzata. X.
Dark Seducción
Il Fallimento Dell'amore.
Il Metodo JD
Alphamännchen

Atrair Mulheres com Masculinidade
Attirare le donne con la Mascolinità
Attirer les Femmes par la Masculinité
Mit Männlichkeit Frauen Anziehen
Frauen. Liebe. Und Sex.
L'arte di Piacere a se Stessi
Mulheres. Amor. E Sexo.
JD Seduzione Assoluta
JD Absolute Verführung
JD Sedução Absoluta
Das Leben des charmanten, schamlosen Verführers
Smettila di Fare il Bravo Ragazzo! Essere un Cattivo Ragazzo.
La Vita del Seduttore Affascinante e Spudorato
A Vida do Sedutor Encantador e sem Vergonha
Macho Alfa
Uomo Alfa
Séduction 5.0
Verführung 5.0
Seduzione 5.0
Duro e Senza Vergogna
Duro e Sem Vergonha
L'arte della Durezza
A Arte da Dureza
The Fool's Book
Das Buch der Dummköpfe
Il Libro dei Pazzi
O Livro do Tolo
Dark Seduction
Dunkle Verführung
Sedução Escura
Dark Seduction
Seduzione Oscura
Le livre du fou

Como materializar lo que deseas con el fxxxxxx power
Como materializar o que você quer com o Fxxxxxx Power
El ángel Sex-terminador
El seductor vampiro
O Vampiro Sedutor
Sex-Terminating Angel
The Vampire Seducer
How to Materialize What You Want With The Fxxxxxx Power
El camino del maestro
Il vampiro seduttore
O camiño do mestre
La via del maestro
Der verführerische Vampir
Le sedusant vampire
Der Weg des Meisters
La voie du maître de la séduction
The Way of the Master
Come materializzare ciò che si desidera con il Fxxxxxx Power
Wie Sie Ihre Wünsche verwirklichen können mit dem Fxxxxxx Power
El método EDP
O método EDP
The EDP method

About the Author

Español.

Soy un hombre vividor y divertido que busca el lado bueno de las cosas siempre.

Mi experiencia es el campo de las relaciones personales y de la seducción. Por eso tras dedicarme larguísimas décadas a ello, quiero trasmitir mis conocimientos. Para que las nuevas generaciones tengan unos conceptos que les den una ventaja competitiva sostenible y poderosa en el campo del amor.

Quiero ayudarte a a conseguir tus metas.

Portugués.

Sou um homem animado, e divertido, que sempre procura o lado bom das coisas.

Minha experiência está no campo das relações pessoais e da sedução. É por isso que, após décadas de dedicação a ela, quero transmitir meus conhecimentos.

Quero ajudá-los a alcançar seus objetivos.

Inglés

I am a lively and fun man, who always looks for the good side of things.

My experience is in the field of personal relationships and seduction. That is why, after decades of dedicating myself to it, I want to pass on my knowledge. So that the new generations have concepts that give them a sustainable and powerful competitive advantage in the field of love.

I want to help you achieve your goals

Français Je suis un homme vif et drôle qui cherche toujours le bon côté des choses.

Mon expérience se situe dans le domaine des relations personnelles et de la séduction. C'est pourquoi, après m'y être consacré pendant des décennies, je veux transmettre mes connaissances. Pour que les nouvelles générations disposent de concepts qui leur donnent un avantage concurrentiel durable et puissant dans le domaine de l'amour.

Je veux vous aider à atteindre vos objectifs.